A POLÊMICA DA CANNABIS

Discussões sobre o cultivo, o uso e a legalização das drogas extraídas da cannabis ultrapassam o tempo e as fronteiras. No mundo todo, a maconha é um dos psicotrópicos mais consumidos em todo o Planeta, sendo defendido ou criminalizado por pessoas de diferentes faixas etárias e classes sociais.

Extremamente polêmica, a ação causada por esta droga no organismo humano é tema de pesquisas científicas e levantamentos populacionais, o que contribui para que avanços sejam feitos com relação ao conhecimento que se tem sobre a planta e seus efeitos, tanto nocivos como benéficos, como no caso do uso medicinal, liberado em diversos países como forma de amenizar os efeitos colaterais de medicações agressivas.

Se os modos de consumo e as consequências do uso são muitos, os motivos para discussões de alto nível sobre o tema também são inúmeros. Muitos acreditam que a maconha é uma porta de entrada para outras drogas e que estimula o surgimento de doenças psiquiátricas, como a esquizofrenia, em pessoas que já têm predisposição a elas. Outros, agarram-se ao fato de que a planta, dependendo da cultura, está inserida, até, em um contexto espiritual, ao ser utilizada por santos hindus para induzir estados de meditação.

Nas próximas páginas, você conhecerá mais sobre o universo da cannabis, assim como ficará por dentro de dados históricos, informações sobre pesquisas recentes, efeitos causados no organismo e farmacologia. Afinal, a informação é uma arma poderosa para que o ser humano avance no conhecimento dos seus limites físicos e psicológicos.

Boa leitura!

Os Editores
redacao@editoraonline.com.br
www.revistaonline.com.br

SUMÁRIO

CIP-BRASIL. CATALOGAÇÃO-NA-PUBLICAÇÃO
SINDICATO NACIONAL DOS EDITORES DE LIVROS, RJ

G971 Guia conhecer fantástico : maconha --. [7. ed.] - São Paulo : On Line, 2016.
il.

ISBN 978-85-432-1317-0

1. Maconha - Aspectos psicológicos. 2. Maconha - Efeitos fisiológicos. 3. Drogas - Abuso. I. Título.

16-32282 CDD: 616.89
CDU: 615.9-058.7

12/04/2016 14/04/2016

On line EDITORA

PRESIDENTE: Paulo Roberto Houch • **VICE-PRESIDENTE EDITORIAL:** Andrea Calmon (redacao@editoraonline.com.br) • **COLABORARAM NESTA EDIÇÃO:** Claudio Blanc e Liana Pires (textos), João Costa (Ilustrações) e Rafael Dias (diagramação) • **COORDENADOR DE ARTE:** Rubens Martim • **PROGRAMADOR VISUAL:** Rodrigo Silva • **GERENTE COMERCIAL:** Elaine Houch (elainehouch@editoraonline.com.br) • **SUPERVISOR DE MARKETING:** Vinicius Fernandes • **ASSISTENTE DE MARKETING :** Jose António • **CANAIS ALTERNATIVOS:** Luiz Carlos Sarra • **DEP. VENDAS:** (11) 3687-0099 (vendaatacado@editoraonline.com.br) • **VENDAS A REVENDEDORES:** (11) 3687-0099/ 7727-8678 (luizcarlos@editoraonline.com.br) • **DIRETORA ADMINISTRATIVA:** Jacy Regina Dalle Lucca • Impresso por **LOG&PRINT GRÁFICA E LOGÍSTICA S.A.** • Distribuição no Brasil por **DINAP** • **GUIA CONHECER FANTÁSTICO MACONHA** é uma publicação do IBC Instituto Brasileiro de Cultura Ltda. – Caixa Postal 61085 – CEP 05001-970 – São Paulo – SP – Tel.: (0**11) 3393-7777

Para adquirir com o IBC: www.revistaonline.com.br • **VENDAS AOS DISTRIBUIDORES**: Tel.: (0**11) 3393-7728 (vendas@editoraonline.com.br).

GRUPOS DE

ESTUDO

Cientistas em todo o mundo investigam os efeitos que a cannabis – e seus subprodutos – causam no organismo humano

Dados científicos são artifícios poderosos contra assuntos polêmicos. Pelo menos é o que acreditam cientistas do mundo todo, que debruçam-se sobre o universo das drogas psicotrópicas para conhecer a fundo seus efeitos físicos e psicológicos sobre o ser humano. Afinal, há milênios a cannabis acompanha o ser humano em várias aplicações e usos. Fique por dentro dos 7 principais órgãos que estudam este tema no Brasil e no mundo.

Foto: Shutterstock

NO BRASIL

Centro Brasileiro de Informações sobre Drogas Psicotrópicas (CEBRID)

Criado em 1978, é um núcleo inserido no Departamento de Medicina Preventiva da Universidade Federal de São Paulo. Atua nas áreas de Ciências Humanas, Biológicas e Saúde, com ênfase nas subáreas de Psicofarmacologia, Psicobiologia, Saúde Pública e Epidemiologia.

Os pesquisadores são divididos em dois grupos: o primeiro trabalha com pesquisas sobre drogas psicotrópicas e, o outro, na investigação de plantas medicinais. Ambos têm o objetivo de divulgar informações científicas e gerar dados através de pesquisas quantitativas e qualitativas sobre consumo de drogas psicoativas por diferentes segmentos de população.

Desenvolve materiais didáticos, palestras e cursos de extensão, especialização e pós-graduação sobre temas relacionados à área.

Mais informações: *www.cebrid.epm.br*

Associação Brasileira de Estudos do Álcool e outras Drogas

Sediada em Porto Alegre (RS), é uma entidade civil sem fins lucrativos criada em 1989. Oferece perspectivas e troca de experiências entre profissionais que trabalham com dependência química, como psiquiatras, assistentes sociais, enfermeiros, psicólogos, advogados, líderes comunitários, consultores e professores.

Organiza congressos anuais, além de seminários sobre os mais variados temas inseridos na área de dependência química. Entre os seus objetivos está incentivar o debate de políticas públicas e novas tendências sobre as questões que envolvem o uso de drogas legais e ilegais, além de promover novas pesquisas científicas, incentivar o intercâmbio de experiências entre os associados e otimizar o acesso ao tratamento do usuário de drogas, bem como o apoio aos seus familiares, parceiros e amigos.

Mais informações: *www.abead.com.br*

SUPERA

O curso "Sistema para Detecção do Uso Abusivo e Dependência de Substâncias Psicoativas: Encaminhamento, Intervenção Breve, Reinserção Social e Acompanhamento" (SUPERA) é oferecido gratuitamente pela Secretaria Nacional de Políticas sobre Drogas (SENAD) por meio da parceria com a Universidade Federal de São Paulo (UNIFESP) e com apoio da Associação Fundo de Incentivo à Pesquisa (AFIP).

À distância, as aulas são promovidas pelas equipes da Unidade de Dependência de Drogas do Departamento de Psicobiologia da UNIFESP e do Departamento de Informática em Saúde (DIS). O conteúdo é elaborado por profissionais com grande experiência nas áreas de política sobre drogas, prevenção do uso e tratamento da dependência de crack, álcool e outras drogas.

No portal, é possível ter acesso ao material das aulas, assim como videoaulas e informações sobre próximos cursos.

Mais informações: *www.supera.senad.gov.br*

NO EXTERIOR

Fundación Ciencias para la Cannabis (Chile)

Tem o objetivo de desenvolver ferramentas técnico-científicas e culturais para mostrar as últimas descobertas relacionadas aos benefícios e malefícios associados à cannabis, de modo a estabelecer, junto ao governo chileno, políticas públicas adequadas para a regulação do cultivo e do consumo de maconha.

No site da instituição, é possível acompanhar os eventos promovidos sobre o tema, assim como artigos científicos diversos sobre o assunto, como o uso da cannabis por mulheres, os pontos de vista distintos sobre o assunto e o uso por gestantes e lactantes.

Mais informações: *http://cienciascannabis.cl*

International Association for Cannabinoid Medicines (IACM) (Reino Unido)

Fundada em março de 2000, promove e apoia pesquisas e discussões entre especialistas sobre o potencial terapêutico da cannabis. É referência de informações confiáveis sobre farmacologia, toxicologia e potencial terapêutico, cooperando com outras organizações internacionais.

No portal da instituição, que é traduzido para diversos idiomas (como francês, alemão, italiano, espanhol e português), é possível verificar a legislação de vários países sobre a situação legal do uso da cannabis para fins terapêuticos, uma listagem de estudos clínicos sobre o assunto, assim como artigos científicos e para leigos.

Mais informações: *www.cannabis-med.org*

Clinical Trials (Estados Unidos)

Mantido pelo Instituto Nacional de Saúde dos Estados Unidos, o site é uma enciclopédia virtual sobre estudos clínicos, públicos e privados, relacionados a diversas áreas, com o objetivo de oferecer a pacientes, familiares, profissionais da saúde, pesquisadores e público em geral informações sobre o assunto.

O site é mantido pela National Library of Medicine. Lá, é possível pesquisar mais de 500 estudos sobre cannabis, divididos por países de origem ou assunto principal.

Mais informações: *https://clinicaltrials.gov*

Instituto de Regulación y Control del Cannabis (Uruguai)

Criado por organizações sociais e indivíduos que discutem a iniciativa do governo uruguaio pela legalização da maconha no país, é composto por líderes de opinião nos segmentos de cultura, das universidades, do direito e de outros âmbitos. Promove discussões sobre como deve ocorrer a regulação responsável deste mercado.

Mais informações: *www.regulacionresponsable.org.uy*

15 CURIOSIDADES SOBRE A MACONHA

Fique por dentro de fatos curiosos e atuais sobre a cannabis que repercutiram no Brasil e no mundo

Foto: Shutterstock

1. Para ver e entender

O que acontece com o corpo humano quando uma pessoa fuma maconha? Possíveis respostas a esta pergunta podem ser observadas no vídeo "This is Your Body on Weed" ("Este é o Seu Corpo sobre o Efeito da Maconha", em tradução para o português), produzido pelos norte-americanos Jonathan Reyes, designer gráfico, e Sanjay Gupta, neurocirurgião e comentarista da área de saúde da rede televisiva CNN.

Em 1:45 minutos, a animação mostra quais são os diferentes tipos de cannabis, seus efeitos, como atua o THC e o CBD e os tipos de doenças nos quais é empregado o uso medicinal da planta. Com narração em inglês, o curta-metragem está disponível no YouTube. Assista em: *http://youtu.be/zocTUubZqAg*

2. A influência sobre as doenças psíquicas

Segundo o Centro Brasileiro de Informações sobre Drogas Psicotrópicas (CEBRID), "há provas científicas de que, se a pessoa tem uma doença psíquica qualquer, mas que ainda não está evidente ou a doença já apareceu, mas está controlada com medicamentos adequados, a maconha piora o quadro". O órgão afirma, ainda, que o hábito de consumir cannabis pode influenciar no autocontrole de quem é predisposto a problemas psicológicos ou neutraliza o efeito do medicamento.

A preocupação dos efeitos da maconha na psique humana é corroborada pela Associação Brasileira de Psiquiatria (ABP). Em 2014, a instituição lançou um manifesto informando 10 motivos pelos quais se posiciona contra o Projeto de Lei que legaliza a cannabis. No item 9, o documento diz que há um "desconhecimento do impacto que a maconha pode causar na estrutura psíquica do usuário. A droga, quando fumaca, piora todos os quadros psiquiátricos, que já atingem 25% da população (no Brasil), como depressão, ansiedade e bipolaridade". O texto continua: "a maconha pode desencadear as primeiras crises graves, mudando a história natural dos doentes que poderiam viver incólumes a riscos transmitidos geneticamente." O manifesto pode ser conferido, na íntegra, no link: *www.abp.org.br/manifesto/manifesto.pdf*

3. Maconha usada na gestação afeta tardiamente o bebê

Você sabia que a maconha é a substâncias ilícita mais consumida entre mulheres em idade gestacional? Esta informação foi divulgada pelo site "Álcool e Drogas sem Distorção", do Núcleo Einstein de Álcool e Drogas, do Hospital Israelita Albert Einstein (NEAD).

Segundo a publicação, diversos estudos afirmam que a cannabis parece não surtir efeito na malformação física do feto e no desenvolvimento da gestação, mas, depois do nascimento, podem surgir problemas, como redução do peso e tamanho do bebê. Podem ser observados, também, sintomas neurológicos, como tremores, espasmos e dificuldade de sucção durante a amamentação, além de indicativos de problemas de atenção, memória, raciocínio, impulsividade, hiperatividade e distúrbios de conduta. Muitas vezes, estes sintomas são detectados tardiamente, dificultando um parecer final sobre o assunto. Como a maconha parece interferir, em alguns casos, no desenvolvimento do psiquismo infantil, a recomendação médica é de nunca consumir álcool ou drogas ilícitas, principalmente, durante a gestação.

4. Skank: muito mais forte do que a maconha

O Skank não é, somente, o nome de uma famosa banda de rock mineira. O termo também denomina uma variedade mais potente da cannabis, com uma quantidade maior de tetrahidrocannabinol (THC). Estudos indicam que a porcentagem da substância chega a 17,5%, sendo que, na maconha, é de 2,5%.

Também chamada de Skunk, a versão mais potente é produzida com o cruzamento de espécies diferentes da cannabis. Geralmente, ela é cultivada em condições controladas de temperatura e luminosidade, desenvolvendo-se mais rapidamente. Enquanto a Cannabis sativa comum tem cerca de de 1,8 metros de altura, a modificada alcança, em média, 30 centímetros. Apesar da mudança no tamanho do arbusto, as duas plantas não têm diferença visual.

5. Como é feito o levantamento nacional sobre uso de drogas?

Comumente são publicadas estatísticas sobre o uso de entorpecentes no Brasil. Mas, como são coletados esses números? Muitos deles são fruto do Levantamento Nacional sobre o Uso de Drogas pela População Brasileira, cuja terceira edição está sendo desenvolvida pela Fundação Oswaldo Cruz (Fiocruz). O objetivo é estimar e avaliar os parâmetros epidemiológicos do uso de drogas entre brasileiros de 12 a 65 anos de idade, de ambos os sexos, moradores de áreas urbanas, rurais e de fronteiras. O levantamneto, que conta com o apoio da Fundação para o Desenvolvimento Científico e Tecnológico em Saúde (Fiotec), permite avaliar a diversidade do uso de drogas, que pode variar entre experimental, circunstancial, habitual, abuso e dependência.

Além de perguntas diretas sobre o consumo, o levantamento questiona os entrevistados sobre as características das pessoas com quem eles têm contato, na tentativa de promover uma estimativa indireta sobre o consumo. A coleta de dados da terceira edição foi finalizada em setembro de 2015, e a previsão para a divulgação dos resultados é em 2016.

6. Você já ouviu falar do Opium Act?

O nome pode parecer estranho, mas esta lei mudou os critérios sobre o uso e a comercialização de drogas na Holanda. Criada em 1976, é a principal diretriz sobre o assunto no país, fazendo uma distinção clara entre drogas leves e pesadas, que são classificadas de acordo com uma "escala de risco".

O governo holandês considera a maconha uma droga leve, e o seu uso, venda e plantio, embora sejam mantidos em lei como crime, não são punidos. Por outro lado, a posse de drogas pesadas (como cocaína, heroína e LSD) é punida de acordo com a quantidade apreendida, e pode gerar até prisão.

As famosas cafeterias para o consumo de maconha são regulamentadas por portarias municipais. Essas leis não permitem que, nos locais, sejam comercializadas drogas pesadas ou vendas a menores de 16 anos de idade, assim como propaganda sobre o uso dos produtos. Mais informações sobre esta política podem ser obtidas, em inglês, no site do Centro Europeu de Monitoramento de Drogas: *www.emcdda.europa.eu/countries/netherlands*

7. Documentário sobre a legalização da maconha medicinal

A legalização da maconha medicinal ainda pode deixar muitos brasileiros com a "pulga atrás da orelha". Para tirar dúvidas sobre o assunto, a revista *Superinteressante* lançou, em outubro de 2013, o filme "Ilegal", que acompanhou as dificuldades de mães brasileiras que lutavam, na época, pelo direito de importar legalmente medicamentos à base de Cannabis sativa. A personagem principal do longa-metragem é a brasiliense Katiele Bortoli Fischer, mãe de Anny, que sofre de um tipo incurável de epilepsia. Dirigido pelo jornalista Tarso Araújo, o filme esteve em cartaz em várias capitais brasileiras. Assista o trailer: *http://youtu.be/1kLZjNGu_Fs.*

No Brasil, houve avanços com relação ao uso medicinal da maconha. Em novembro de 2015, o Ministério da Justiça liberou o uso do THC para uso medicinal e pesquisa científica, assim como a importação de remédios e produtos que o tenham como princípio ativo, desde que com indicação médica. A liberação final foi feita pela Agência Nacional de Vigilância Sanitária (Anvisa) em março de 2016. O órgão autorizou a prescrição médica e a importação, por pessoa física, de medicamentos e produtos com canabidiol e THC, desde que para uso próprio e tratamento de saúde. Para usufruir deste benefício, o paciente ou seu responsável legal precisam solicitar à Anvisa uma autorização especial, apresentando prescrição e laudo médico, além de declaração de responsabilidade e esclarecimento assinada pelo médico e pelo paciente.

8. Diferentes usos do cânhamo

A planta da maconha não é usada apenas para o fumo. Suas fibras também servem de matéria-prima para fabricação de bens duráveis, como cordas ou tecidos. A resistência do material, inclusive, foi testada de maneira inusitada em 2012.

Arqueólogos sob a supervisão de Carl Lipo, da Universidade Estadual da Califórnia, criaram reproduções de estátuas da Ilha de Páscoa (chamadas de moais) tentando descobrir como os povos antigos conseguiram mover as cabeças de mais de quatro toneladas. Cordas de cânhamo foram amarradas nas réplicas e uma equipe de 18 pessoas conseguiu movê-las realizando movimentos pendulares. O feito foi divulgado na revista "Journal of Archaeological Science" e pode ser conferido, também, no YouTube: *http://youtu.be/yvvES47OdmY.*

Outra curiosidade é que muitos acreditam que maconha seja um acrônico de cânhamo, já que as palavras têm as mesmas letras, organizadas em ordem diferente.

9. Maconha: uma inimiga do coração

Enquanto muitas pesquisas focam suas atenções sobre os efeitos da cannabis no cérebro humano, um estudo considerou o que a planta causa ao coração.

Divulgada, em de abril de 2014, no "Journal of the American Heart Association", a pesquisa francesa analisou dois mil pacientes com complicações médicas relacionadas à maconha. Eles descobriram que 35 tinham sérios problemas cardiovasculares, incluindo 20 ataques cardíacos, que podem ter sido acarretados por conta da cannabis aumentar a frequência cardíaca e a pressão arterial. Segundo os dados, indivíduos com deficiências cardiovasculares preexistentes são mais propensos aos efeitos nocivos da maconha.

10. Por que os usuários sentem mais fome?

Um dos efeitos do consumo de maconha é a chamada "larica", condição na qual, depois de fumar, o usuário sente muita fome. Mais do que um sintoma empírico, há teorias do porquê ele ocorre. Pelo menos é o que diz um estudo divulgado na revista "Nature Neuroscience", coordenado pelo pesquisador francês Giovanni Marsicano, da Universidade de Bordeaux.

Uma experiência feita em camundongos mostrou que substâncias canabinoides ativam um receptor celular existente no bulbo olfativo, estrutura cerebral responsável pela capacidade humana de sentir cheiros. Os canabinoides podem ser endógenos (produzidos no próprio corpo) ou exógenos (produzido por plantas, como o THC, existente na cannabis). Os pesquisadores levantaram a hipótese de que o usuário de maconha pode sentir mais vontade de comer por seus receptores do bulbo olfativo serem ativados pelo THC.

11. Cigarro eletrônico de cannabis

Não faz muito tempo que o cigarro eletrônico, também chamado de e-cigarro, se tornou popular em todo o mundo. Ele foi inventado em 2003 por Hon Lik, farmacêutico chinês, que acreditava que o novo produto era uma forma menos nociva de consumir a nicotina, o que contraria o que dizem muitos especialistas. Afinal, desde 2009, a venda deste item é proibida no Brasil pela Anvisa por não haverem provas e estudos consistentes de seu uso ser seguro.

Mas, como o item faz sucesso no mundo todo, a empresa holandesa E-Njoint BV resolveu aproveitar a moda e lançar um cigarro eletrônico de cannabis. Segundo o site oficial da marca, o produto não contém tabaco, nicotina ou THC, sendo desenvolvido, apenas, com componentes naturais e vapor de água. O item é comercializado apenas na Europa, nos modelos descartável ou recarregável. Conheça mais sobre esta curiosidade, que não é permitida no Brasil, em: *www.e-njoint.com.*

12. Psicose, genética e cannabis

Pesquisadores da Universidade de Exeter e do University College London (UCL) identificaram um gene que pode ser utilizado para prever o quanto um usuário de maconha é propenso a desenvolver psicose, um estado mental no qual há a perda de contato do indivíduo com a realidade.

O estudo, coordenados por Celia Morgan, professora de psicofarmacologia da Universidade de Exeter, observou 442 jovens entre 16 e 23 anos, usuários de maconha, que foram testados tanto sóbrios como sob a influência da cannabis. Percebeu-se que 1% dos pesquisados com uma variação no gene AKT1 experimentam distorções visuais, paranoia e outros sintomas psicóticos de forma mais acentuada quando estão sob influência da droga, mostrando que eles têm mais probabilidade de experimentar efeitos fortes ao consumi-la. Os dados foram publicados no início de 2016, na revista científica "Translational Psychiatry". O estudo também revelou que as mulheres que fumam maconha podem ser potencialmente mais suscetíveis à perda de memória de curto prazo do que os homens.

13. O que faz a Junta Internacional de Fiscalização de Entorpecentes (JIFE)?

Imagine um órgão internacional independente de governos e das diretrizes de países sobre o uso de drogas, criado para, entre outros objetivos, monitorar a implementação dos tratados internacionais de controle de entorpecentes e trabalhar em cooperação com os governos para assegurar que sua oferta esteja disponível para uso médico e científico. Este órgão é a Junta Internacional de Fiscalização de Entorpecentes (JIFE), estabelecida em 1968 para fiscalizar a implementação das Convenções Internacionais das Nações Unidas de controle de drogas.

Ele é composta por 13 integrantes, sendo três deles com experiência médica, farmacológica ou farmacêutica, indicados pela Organização Mundial de Saúde (OMS), e 10 eleitos de uma lista de técnicos nomeados pelos governos. Segundo o último relatório anual da instituição, divulgado em 2013, a maconha continua sendo a droga mais consumida na América do Sul, com 14,9 milhões de usuários com idades entre 15 e 64 anos, 4,5 vezes o numero de pessoas que usaram cocaína. Mais informações: *www.unodc.org/lpo-brazil/pt/drogas/jife.html*

14. Para pais e professores

Muitos pais e professores podem ficar em dúvida sobre como abordar temas relacionados à maconha e outras drogas com crianças, jovens e adolescentes.

Pensando em tornar esta tarefa mais educativa, o Escritório das Nações Unidas sobre Drogas e Crime (UNODC) disponibiliza diversos materiais sobre o assunto por meio da campanha "Ação Mundial por Comunidades Saudáveis sem Drogas". O objetivo é mobilizar o apoio e inspirar a população a atuar de forma integrada na construção de respostas a esse assunto. Os materiais estão disponíveis em: *www.unodc.org/lpo-brazil/pt/drogas/campanhas.html.*

15. A chegada da cannabis no Brasil

Acredita-se que a maconha tenha sido trazida ao Brasil na época do descobrimento, por escravos negros. Há registros que, naquela época, era chamada de "fumo de Angola". Rapidamente, ela foi compartilhada com os índios, que, além do consumo, passaram a cultivá-la.

Um documento oficial do Ministério de Relações Exteriores, datado de 1959, corrobora esta tese, dizendo que a planta foi introduzida no país em 1549, pelos negros, "como o alaúde Pedro Corrêa, e as sementes de cânhamo eram trazidas em bonecas de pano, amarradas nas pontas das tangas." Há registros de que as velas e as cordas das caravelas portuguesas eram feitas de fibra de cânhamo.

POR DENTRO DA CIÊNCIA

10 pesquisas recentes sobre o uso da maconha levantam hipóteses sobre os efeitos da cannabis no organismo humano

Cientistas do mundo todo utilizam os componentes da cannabis para promover estudos que possibilitam à comunidade científica entender melhor os efeitos, benéficos ou não, da planta no organismo humano.

Fundamentais para o progresso científico e, muitas vezes, com conclusões polêmicas, estas pesquisas mostram que ainda há um longo caminho a ser percorrido antes que sejam encontradas conclusões definitivas sobre o uso da planta na cura ou no tratamento de muitas doenças, como a fobia social, o câncer metastático e a fratura óssea. Também é fundamental observar com cautela estudos que relacionam o uso progressivo da droga com a diminuição definitiva do QI, por exemplo.

Confira 10 pesquisas realizadas no mundo todo e suas conclusões. Mas, atenção: é importante lembrar que a maioria dos pesquisadores considera os resultados inconclusivos, já que novos estudos, mais amplos, são necessários para que se chegue a um parecer final.

1. Cannabis pode ajudar no tratamento de fraturas ósseas

Pesquisadores israelenses publicaram um estudo no "Journal Of Bone and Mineral Research" afirmando que ossos quebrados podem ser curados mais rapidamente se o paciente for tratado com canabidiol (CBD).

Segundo a pesquisa, a substância torna os ossos mais fortes durante o processo de cicatrização e aumenta a maturação da matriz de colágeno. Assim, depois do tratamento, os ossos quebrariam com menos facilidade.

O estudo foi realizado em ratos com fraturas no fêmur. Os cientistas perceberam que, após oito semanas de administração da substância, o processo de cura foi otimizado.

Segundo Yankel Gabet, do Laboratório de Pesquisa Óssea no Departamento de Anatomia e Antropologia da Sackler Faculty of Medicine, de Tel Aviv, isso ocorre porque o corpo humano possui compostos e receptores que podem ser ativados por substâncias contidas na planta.

A pesquisa é o ponto de partida para que sejam desenvolvidos novos estudos sobre a utilização da cannabis para o tratamento de doenças ósseas, como a osteoporose.

2. Fumar maconha aumenta as chances de se tornar alcoólatra

Um estudo realizado em conjunto pela Universidade Columbia e pela Universidade da Cidade de Nova York afirmou, no início deste ano, que consumir maconha regularmente aumenta em cinco vezes a possibilidade de desenvolver alcoolismo, quando compara-se com os adultos não usuários. Os dados também revelam um aumento nas chances de o alcoolismo persistir se o viciado

Foto: Shutterstock

utiliza a erva com frequência.

Os resultados foram obtidos por meio da análise de informações sobre mais de 27 mil norte-americanos que fizeram parte da Pesquisa Nacional Epidemiológica sobre o Álcool e Condições Relacionadas, com ênfase nos participantes que usaram maconha antes de terem problemas com o alcoolismo.

Coordenado pela psiquiatra Renee Goodwin, o estudo mostrou que as pessoas que experimentaram a droga e continuaram fumando por três anos (23%) tiveram cinco vezes mais problemas com álcool, mesmo que não tivessem histórico da doença. Outros aspectos da vida destes usuários não foram avaliados.

De acordo com a pesquisadora, a maconha também parece aumentar as chances de que o problema já existente com o álcool persista. Apesar de divulgar os resultados para o mundo todo, os pesquisadores afirmaram que mais pesquisas e análises são necessárias para entender se há, realmente, uma relação entre as substâncias.

3. Uso regular da cannabis pode diminuir o cérebro

De acordo com a pesquisa "Long-term effects of marijuana use on the brain", realizada pela Universidade do Texas (EUA) e divulgada em 2014 no periódico "Proceedings of the National Academy of Sciences", consumir cannabis regularmente por mais de seis anos pode causar anormalidades no funcionamento e na estrutura do cérebro, como a diminuição do QI e do volume do órgão.

A pesquisa foi realizada com 48 usuários e 62 não usuários, divididos conforme o gênero, a idade e a etnia. Todos foram submetidos a exames de ressonância magnética e a testes cognitivos.

Os pesquisadores concluíram que os usuários de maconha têm um menor volume cerebral no córtex orbitofrontal (área do cérebro associada ao vício), mas maior conectividade cerebral do que as pessoas que não fumam a droga.

Nos testes cognitivos, os usuários demonstraram menor QI, mas os pesquisadores afirmaram que os dados não são suficientes para comprovar que esse resultado esteja associado ao menor volume cerebral.

Outra conclusão da pesquisa é que, quanto mais novo o usuário começa a fumar cannabis, maior é a interferência de suas substâncias na estrutura e no funcionamento do cérebro, sendo que o efeito começa depois de seis a oito anos de uso contínuo.

Segundo os autores, entre os quais está Francesca Filbey, professora da Faculdade de Comportamento e Ciências do Cérebro da Universidade do Texas, são necessários outros estudos para determinar se essa mudança é reversível e se ela também acontece em pessoas que consomem a droga esporadicamente.

4. É possível que a cannabis ajude a curar o câncer metastático?

Há décadas a comunidade médica e a população do mundo todo esperam por tratamentos mais efetivos para a cura do câncer metastático. Em 2007, este assunto esteve ligado à cannabis, em uma pesquisa realizada por cientistas do Centro Médico Pacífico da Califórnia, em São Francisco (EUA). Segundo eles, o canabidiol (CBD) seria o responsável por impedir que os tumores se espalharem pelo corpo.

Divulgada em 2007, a pesquisa, comandada pelos microbiologistas Sean McAllister e Pierre Desprez, foi realizada aplicando altas doses de CBD em células com alta concentração de ID-1, gene cancerígeno responsável pela metástase, e o processo de reprodução celular voltou ao normal. A quantidade administrada não pode ser encontrada na composição natural da planta.

O estudo começou com o câncer de mama, mas os pesquisadores descobriram que o método também funciona para outros tipos de neoplasias agressivas, como no cérebro e na próstata. Basta o gene ID-1 estar presente em alto nível.

Com os resultados promissores, os pesquisadores planejam realizar testes em células de laboratório, em animais e, posteriormente, em humanos.

Não é a primeira vez que pesquisadores fazem uma relação entre os efeitos da Cannabis sativa e

Ilustração mostra a molécula de THC isolada

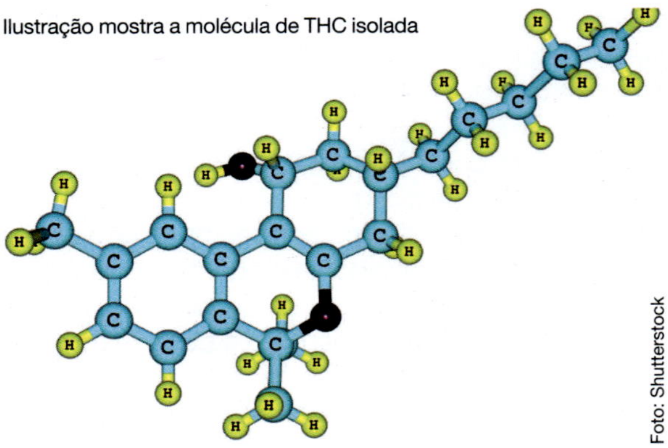

Foto: Shutterstock

do câncer. Em 2006, cientistas coordenados pelo espanhol Manuel Guzman realizaram o primeiro teste clínico da História com nove pacientes acometidos por câncer no cérebro, nos quais os tratamentos convencionais já não surtiam efeito. Eles receberam THC (tetrahidrocanabinol) e, em todos os casos, houve redução da propagação de células cancerígenas.

5. Canabidiol X ansiedade

Pesquisadores brasileiros também promovem estudos importantes sobre os efeitos da cannabis na saúde humana. Prova disso é uma pesquisa realizada no Hospital das Clínicas da Faculdade de Medicina de Ribeirão Preto (HCFMRP), em parceria com a Faculdade de Ciências Farmacêuticas de Ribeirão Preto (FCFRP), ambas pertencentes à Universidade de São Paulo.

Os pesquisadores confirmaram que a utilização controlada do canabidiol possui um efeito ansiolítico, ou seja, controla a ansiedade, reduzindo, por exemplo, o pavor de se expor socialmente. A descoberta pode mudar a vida de pessoas que sofrem de transtorno ansioso social.

Os resultados fazem parte da tese de doutorado do pesquisador Mateus Bergamaschi, que selecionou 24 alunos de graduação e pós-graduação para participar da pesquisa. Os voluntários foram divididos em dois grupos: enquanto um recebeu 600 mg de canabidiol, o outro recebeu um placebo.

Após a administração da substância, os estudantes precisaram discursar durante quatro minutos diante de uma câmera, observando sua imagem em uma televisão. Os pesquisadores observaram que as pessoas que receberam canabidiol tiveram uma redução da ansiedade e mostraram-se mais confiantes.

6. Uso frequente de maconha inibe sentimentos prazerosos

Divulgada em 2014 na revista "Proceedings", da Academia Nacional de Ciências dos Estados Unidos, uma pesquisa sugeriu que fumar maconha diversas vezes ao dia, durante muitos anos, pode danificar a química do cérebro responsável pela sensação de prazer.

Os dados foram compilados pelo Instituto Nacional de Saúde Mental dos Estados Unidos, em conjunto com a Universidade Harvard. Os cientistas levantaram a hipótese de que o cérebro de usuários frequentes reage menos à dopamina, neurotransmissor responsável pela sensação de bem-estar.

A análise da produção de dopamina foi realizada com a observação de dados cerebrais de 48 voluntários, sendo que metade deles havia fumado, pelo menos, cinco cigarros de maconha por dia, cinco dias por semana, por 10 anos, enquanto o outro grupo não possuía este histórico.

Todos voluntários receberam uma dose de metilfenidato, um estimulante do Sistema Nervoso Central que estimula a liberação de dopamina. Imagens cerebrais apontaram que todos os voluntários produziram mais dopamina após a ingestão da substância, mas os consumidores de maconha não apresentaram aumento da pressão arterial e das batidas cardíacas, nem se sentiram mais eufóricos.

Uma das hipóteses levantadas pelos pesquisadores foi que os usuários têm o seu circuito de recompensa no cérebro danificado pelo uso da droga. Assim, continuam a produzir a mesma dose de dopamina, mas passam a sentir menos suas sensações.

7. Sono prejudicado

Enquanto muitas pessoas acreditam que a maconha contribui para o relaxamento do corpo e a sensação de bem-estar, uma pesquisa publicada, em 2014, na revista "Sleep" (mantida pela Sociedade de Pesquisas do Sono e pela Academia Norte-Americana de Medicina do Sono), informou que a droga, na verdade, aumenta em uma vez e meia o risco de sofrer insônia.

Para esta conclusão, foram analisados 3255 adultos, com idade entre 20 e 59 anos, que responderam a um questionário sobre consumo de cannabis. Destes, 1811 afirmaram que usavam ou já tinham consumido a erva cerca de três vezes por mês.

Coordenado por Jilesh Chheda, pesquisador e médico do Departamento de Psiquiatria da Universidade da Pensilvânia (EUA), o estudo também revelou que os danos aumentam conforme diminui a idade na qual o usuário começou a consumir a droga. Os pesquisados que começaram a fumar antes dos 15 anos de idade têm duas vezes mais dificuldades para dormir quando atingem a vida adulta.

Os pesquisadores também acreditam que o uso da droga desde a adolescência aumenta em duas vezes o cansaço ao longo do dia ou a dificuldade de manter o sono. As causas para esses fatores ainda precisam de mais investigação.

8. Consumir maconha "de vez em quando" também causa problemas

Muitas pessoas acreditam que consumir cannabis esporadicamente reduz os efeitos maléficos da droga no organismo. Mas esta ideia foi refutada por um estudo norte-americano publicado, em 2014, no "The Journal of Neuroscience", chamado "Cannabis Use Is Quantitatively Associated with Nucleus Accumbens and Amygdala Abnormalities in Young Adult Recreational Users".

Segundo os pesquisadores envolvidos, pertencentes à Escola de Medicina de Harvard e à Universidade Northwestern, o uso casual da droga também pode afetar regiões cerebrais ligadas ao controle das emoções e à motivação.

O resultado foi obtido por meio da análise comparativa de exames de ressonância magnética de usuários entre 18 e 25 anos de idade que consumiam maconha, pelo menos, uma vez por semana, com pessoas que não tinham o histórico da droga. As imagens revelaram mudanças significativas no núcleo accumbens (Nac), região do cérebro relacionada ao sistema de recompensa e motivação. Nos usuários, ele era maior e com formato e estrutura alterados.

9. Modificação do DNA

Enquanto algumas pesquisas revelam que substâncias extraídas da cannabis podem auxiliar no tratamento de doenças debilitantes, como o Alzheimer, um estudo feito na Universidade de Leicester, na Inglaterra, e divulgado em 2014, mostra que o cigarro de maconha pode alterar o DNA humano e aumentar a probabilidade de surgimento de câncer.

Segundo o estudo, fumar três cigarros de cannabis por dia representa o mesmo dano causado por 20 cigarros de tabaco, já que a erva tem menor combustão, fazendo com que as substâncias carcinogênicas atuem de maneira mais intensa no organismo.

10. Cannabis diminui crises de epilepsia

É o que afirma um estudo divulgado em abril de 2015 durante o encontro da Academia Norte-Americana de Neurologia. A pesquisa foi apoiada pelo laboratório GW Pharmaceuticals e contou com 213 voluntários portadores de epilepsia grave que não respondiam mais a tratamentos convencionais, incluindo crianças e adultos, com uma idade média de 11 anos.

Os participantes sofriam de patologias raras, como a síndrome de Dravet (de causa genética, se manifesta com surtos de epilepsia graves e incapacitantes, que promovem atraso no desenvolvimento psicomotor) e a síndrome de Lennox-Gastaut (síndrome epilética pediátrica que pode causar, entre outros sintomas, o retardo mental).

Por 12 semanas, os participantes receberam, por via oral, um extrato líquido à base de canabidiol (CBD). Para 137 deles, o número de convulsões foi reduzido em 54%. Entre os 23 portadores de síndrome de Dravet, a diminuição foi de 53% e, para os 11 com doença de Lennox-Gastaut, o número de apreensões átonas (perda súbita do tônus muscular), teve um decréscimo de 55%.

Dez porcento dos participantes tiveram efeitos colaterais, como sonolência (21%), diarreia (17%), cansaço (17%) e diminuição do apetite (16%). O próximo passo é testar a eficácia da droga com novas pesquisas, utilizando-se um grupo de controle medicado com placebo.

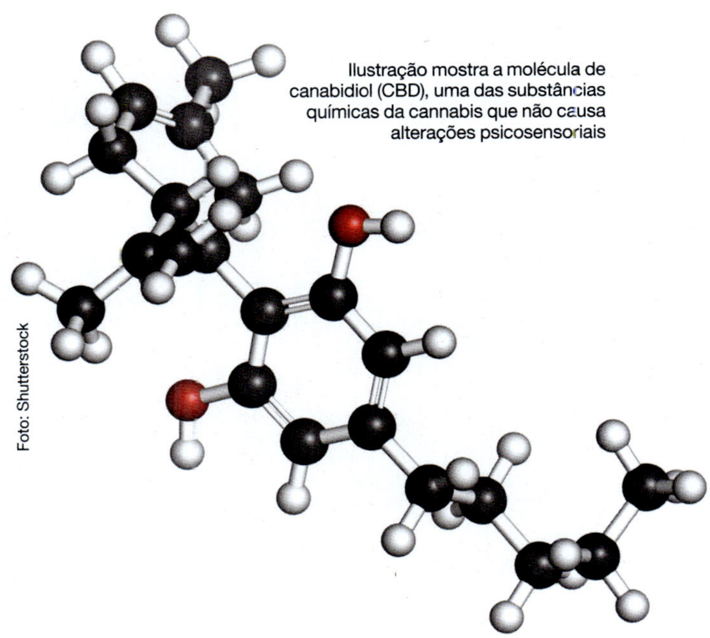

Foto: Shutterstock

Ilustração mostra a molécula de canabidiol (CBD), uma das substâncias químicas da cannabis que não causa alterações psicosensoriais

UMA BREVE HISTÓRIA DA CANNABIS

Do Himalaia para o mundo, a maconha disseminou-se pelo tempo, criando subculturas e polêmicas

Alguns dos momentos mais importantes da História da humanidade foram a domesticação das plantas e a descoberta da agricultura. Esse fato determinou o fim do Período Paleolítico e inaugurou o Neolítico. Os grupos de homens e mulheres não precisavam mais seguir rebanhos para caçar e começaram a construir cidades, onde se estabeleceram permanentemente. Foi o início da civilização.

© Kiov.Victor

A civilização surge com a domesticação das plantas

Foto: Shutterstock

Desde então, uma série de espécies animais e vegetais passaram a fazer parte da cultura humana, influenciando os modos e as maneiras dos homens e das mulheres. Um bom exemplo disso é o arroz, cuja importância no Oriente faz do imperador do Japão uma encarnação do deus arroz. Outro é a vaca sagrada na Índia, um símbolo da Mãe Terra que, portanto, não pode ser sacrificada.

Entre as diversas plantas cultivadas para o consumo humano, estavam aquelas usadas medicinalmente ou para induzir estados alterados de consciência, buscadas pelos místicos. Essas espécies vegetais, principalmente as que, além de curar, levavam embriaguez, recebiam o nome genérico de "plantas de poder".

Há milênios, o uso de plantas de poder vem fazendo parte da experiência humana. Pouco mais de uma década atrás, foi descoberto numa geleira da Áustria o corpo preservado de um caçador paleolítico, que teria vivido há mais de dez mil anos. A múmia, que ficou conhecida como o "Homem do Gelo", trouxe informações importantes sobre a vida e a tecnologia daquela época. Respondeu a perguntas sobre como eram feitas as roupas e que armas eram usadas, e revelou até mesmo o uso de cogumelos alucinógenos, encontrados numa bolsa que o caçador tinha prendido à cintura. Os cogumelos podem ter servido a um caráter médico, mas podem também ter sido usados para "sonhar", isto é, entrar no "mundo dos espíritos".

O uso de certas plantas, as chamadas Plantas Mestras, Plantas de Conhecimento, Plantas de Poder ou Plantas Sagradas, empregadas para acessar um estado diferenciado de consciência, é muito comum até hoje. Muitas dessas plantas, classificadas como enteógenas, do grego entheos, isto é, que têm "Deus dentro", participaram e participam de cerimônias em todos os continentes – do coração da Amazônia aos jângales indianos. As Plantas de Poder são ingeridas em rituais, obedecendo aos preceitos mágico-religiosos. Normalmente, aumentam a percepção e a acuidade visual e auditiva, e transportam o praticante a um estado de consciência incomum.

Um dos vegetais que têm interagido com a humanidade, pelo menos, desde o advento da agricultura é a Cannabis sativa, nome científico do cânhamo, ou da maconha. A planta era cultivada por conta das fibras, usadas para fazer cordas e tecidos, e pelas suas propriedades alucinógenas e farmacológicas.

As duas espécies mais exploradas da planta, a Cannabis sativa e a Cannabis indica, são originárias da Ásia Central e Meridional. Uma terceira espécie, a Cannabis ruderalis, é nativa do centro da Rússia. Na China, onde foram feitos os mais antigos registros sobre o alucinógeno, a planta é mencionada pela primeira vez numa farmacopeia produzida em 2740 a.C. No mundo chinês, o cânhamo era mais usado na produção de fibras do que como entorpecente. Na Índia, porém, a maconha era cultuada como uma planta dada à humanidade pelos deuses, uma porta para o nirvana. Nesse país, a cannabis passou a ser usada em rituais religiosos, como continua sendo até hoje. É um dos itens imprescindíveis do hinduismo, fumada por gurus e sadhus em forma de haxixe ou consumida como bangha, dois preparados que aumentam suas propriedades entorpecentes. O deus Shiva, entidade que incorpora a ruptura e a destruição que antecipa a reconstrução, é notório pelo consumo de bangha, em cuja fabricação investe grande parte do seu tempo.

Da Índia, a maconha alcançou o Oriente Médio, onde era usada pelos sufis – o ramo místico do islamismo –, para atingir estados elevado e também para recreação. E, mais uma vez, a religião teve um papel importante na divulgação da droga. Como o islamismo proíbe o álcool, a cannabis foi imediatamente adotada como o principal alucinógeno pelos muçulmanos. Na verdade, foi lá, pela primeira vez, que o uso da maconha, em forma de haxixe, foi associado a atos hediondos, dando origem à palavra "assassino".

HAXIXIM

No Irã, durante o século XI, viveu um xeique extremamente poderoso e determinado, Hassan bin Sabbah, o Velho da Montanha. Tinha esse apelido porque sua fortaleza, o Ninho da Águia, ficava no alto do Monte Alamut, uma montanha impenetrável. Sabbah nunca saía da sua fortaleza, mas sua influência política era determinante. O Velho da Montanha era o fundador da Ordem dos Ismaelitas de Nizar. A ordem possuía uma disciplina militar rígida e Sabbah no topo da hierarquia. Seus treinadíssimos soldados, os "anjos destruidores", dedicavam obediência total ao Velho da Montanha, a ponto de fazerem qualquer sacrifício por ele, até mesmo cometer o suicídio. Essa fidelidade vinha de um irresistível recurso do qual Sabbah lançava mão: o seu Jardim Terreno das Delícias, isto é, um pedaço do paraíso na Terra. Lá, os soldados de Sabbah viviam entorpecidos de haxixe, alimentando-se de iguarias e dando vazão aos seus desejos com belíssimas escravas treinadas para o prazer. Segundo Sabbah, essa era apenas uma amostra do Céu que ele proporcionava aos seus guerreiros. Se eles morressem defendendo a causa islâmica, isto é, as posições políticas de Sabbah, viveriam numa orgia de ninfetas e haxixe por toda a eternidade. O hábito de fumar essa droga levou os "anjos" de Hassan bin Sabbah a ser chamados de "haxixins". Os cruzados, principalmente os Cavaleiros Templários, que tiveram contato próximo com os Ismaelitas, corromperam a palavra no termo "assassino", comum em português, francês, inglês, espanhol, italiano e muitas outras línguas europeias.

NO OCIDENTE

As invasões árabes dos séculos IX a XII introduziram a cannabis no norte da África, desde o Egito até o leste da Tunísia, a Argélia e o Marrocos. Com as Cruzadas (séculos XI - XIII), o uso das propriedades farmacológicas da maconha foi introduzido na Europa. Anteriormente, os romanos usavam a planta para fabricação de cordas e velas para embarcações, mas não como entorpecente.

Preferiam, como os povos europeus em geral, o vinho ou outra bebida alcoólica. Porém, durante a Idade Média, a maconha foi reintroduzida no continente, dessa vez, por conta das suas propriedades farmacológicas. Uma farmacopeia escrita no século XIII por monges escoceses indicava que a planta era cultivada nas hortas dos mosteiros para ser utilizada como

analgésico ou na fabricação de bebidas.

O papel do cânhamo durante o período das Grandes Navegações também foi relevante. Navios portugueses, espanhóis, holandeses, franceses e ingleses dependiam das velas e cordas feitas a partir das fibras dessa planta, introduzindo a cultura da cannabis nas suas colônias.

Na Europa, durante o Iluminismo, grupos de artistas e intelectuais começaram a usar a maconha como alucinógeno. O rito maçom dos Illuminatti, do qual o escritor alemão Goethe (1749 – 1832) era membro, fazia uso do haxixe para obter um estado "iluminado" de consciência. Ao longo do século XIX, a maconha continuou a ser a droga da vanguarda europeia.

Em 1845, o médico francês J. J. Moreau de Tours e os escritores Gérard de Nerval e Téophile Gautier fundaram o Clube dos Haxixins, cujas atividades giravam ao redor do haxixe. Artistas proeminentes participavam das reuniões do grupo. Charles Baudelaire, Alexandre Dumas, Eugene Delacroix e Victor Hugo confirmavam a maconha como o sucedâneo dos intelectuais. Baudelaire chegou mesmo a escrever uma obra célebre sobre, principalmente, a cannabis, *Paraísos Artificiais*. Uma das formas mais comuns de os membros do Clube dos Haxixins consumirem a cannabis era por ingestão.

PARAÍSOS ARTIFICIAIS – CHARLES BAUDELAIRE (TRECHO)

O que se experimenta? O que se vê? Coisas maravilhosas, não é? Espetáculos extraordinários? São belos? E terríveis? E perigosos? Tais são as perguntas que frequentemente fazem, com uma curiosidade misturada a medo, os ignorantes aos adeptos. Diríamos uma impaciência infantil em saber, como a das pessoas que nunca saíram de cassa quando se encontram diante de um homem que volta de países longínquos e desconhecidos. Eles imaginam a embriaguez do haxixe como um país prodigioso, um vasto teatro de prestidigitação e escamo--tangem onde tudo é milagroso e imprevisto. Há aí um preconceito, um desprezo completo e uma vez que, para os leitores e curiosos comuns, a palavra haxixe comporta a ideia de um mundo estranho e confuso, a expectativa de sonhos prodigiosos (seria melhor dizermos alucinações, que são, aliás,menos frequentes do que imaginamos).

© Neftali

Chales Baudelaire, num selo francês

Mas, no final do século XIX e início do XX, nos Estados Unidos, algo determinante veio a ocorrer: o Movimento de Temperança ganhava força política em todo o país. Esse movimento de massa ocorrido no final do século XIX nos Estados Unidos defendia a livre concorrência e culpava o álcool por todos os problemas sociais existentes. Seus participantes também se opunham ao uso de alucinógenos e propunham regulamentar seu consumo. Assim, os círculos conservadores americanos lideraram campanhas contra o comércio de todos os psicotrópicos, inclusive o álcool. Era o chamado Proibicionismo, que começava a avultar-se e que acabou conseguindo impor a Lei Seca, que proibia o consumo e a venda de bebidas alcoólicas em todos os Estados Unidos .

Na década de 1910, diversas substâncias alucinógenas, antes vendidas livremente em famácias, foram proibidas dentro do território americano. Os países da Europa e das Américas acompanharam essa tendência. No final da década de 1930, a cocaína e a maconha já estavam proibidas em vários países do mundo. A venda da morfina passou a ser rigorosamente controlada. Nos Estados Unidos, o álcool foi proibido de 1920 a 1935.

A partir de então, a cannabis só era usada pelos imigrantes mexicanos pobres e negros. No entanto, na década de 1950, a maconha voltou a ser associada à ideia de vanguarda e de contra cultura. Durante o período pós-guerra, uma nova geração começava a questionar os valores do American Way of Life. Achavam que a sociedade americana falira, que seus ideais haviam sido corrompidos pelo cinismo e pela mentira. Eram poetas e escritores que caíam na estrada em busca de liberdade e de experiências verdadeiramente humanas. Ficaram conhecidos como Geração Beatnick. Entre os beats, como foram apelidados, o consumo de drogas, em especial a maconha, era um meio de contestar e de libertar-se.

Essa tendência continuou nos anos 1960, quando a maconha, mais uma vez, foi escolhida como a droga da contra cultura. Como forma de se rebelar contra a Guerra do Vietnã sem sofrer represálias, os jovens americanos começaram a se refugiar em comunidades, em busca de viver da agricultura, de fazer amor livremente e de usar drogas como uma forma de escapismo e contestação. Era a forma como esses hippies, para quem a maconha era um símbolo, propunham fugir do sistema.

Já no final dos anos 70, as estatísticas mostravam que a maconha era a droga ilícita mais consumida pelos estudantes de nível médio e universitários. A popularização do consumo fomentou a estruturação de um narcotráfico especializado na produção e distribuição da maconha, concentrado na América do Sul e em países africanos. Em 1984, a Holanda optou pela liberação do comércio e do consumo da maconha e de seus derivados. A planta passou a ser legalmente vendida em lugares específicos, os coffee shops.

NO BRASIL

Segundo Edward MacRae – doutor em Antropologia Social, professor adjunto da FFCH/UFBa, pesquisador associado do CETAD/UFBA – e Júlio Assis Simões – Doutor em Antropologia da Unicamp, professor da USP, pesquisador do Departamento de Patrimônio Histórico da Prefeitura de São Paulo – autores de diversos estudos sobre maconha, "a cannabis parece ter sido originalmente introduzida no Brasil por africanos escravizados e durante longo tempo foi parte importante da cultura negra de grande parte do Norte e Nordeste". A própria origem da palavra indica isso: "maconha" vem do quimbundo ma'kaña, que significa "erva santa". Alguns historiadores chegam mesmo a afirmar que o uso da cannabis era tolerado pelos senhores, uma vez que mantinha os cativos calmos e alienados. Até o início do século XX a maconha era considerada em vários países, inclusive no Brasil, um medicamento útil para várias doenças.

Em 1936, porém, a maconha foi proibida em todo o país. As campanhas que se seguiram, "de cunho declaradamente racista", de acordo com MacRae e Simões, rotulavam o costume de fumar cannabis como a "vingança do derrotado" e sustentavam que a substância era uma ameaça ao povo brasileiro. E como o costume era mais arraigado entre a população negra, "qualquer negro tornava-se suspeito de ser maconheiro ou traficante e, portanto, passível de ser revistado e detido", garante J. C. Adiala no seu estudo *O problema da maconha no Brasil: Ensaio sobre racismo e drogas* (Instituto Universitário de Pesquisas do Rio de Janeiro, 1986).

A partir das campanhas contra a maconha, o usuário começou a ser visto como um marginal, ao mesmo tempo que a classe médica afirmava se tratar de uma doença mental. "Essas representações tiveram um efeito marcante na maneira pela qual o uso da cannabis veio a ser percebido pela população", explica B. C. Cavalcanti na sua dissertação de mestrado em antropologia pela Universidade Federal de Pernambuco, *Danças e Bandeiras - um estudo do maconhismo popular no nordeste do Brasil.*

Na década de 1970, durante o regime militar, houve uma nova onda de alarme, dessa vez associando o uso da cannabis aos jovens de classe média. Tratava-se de um grupo empenhado numa forte resistência cultural, levantando questões sobre temas relacionados à educação, ao emprego e à sexualidade. Assim, em 1976, uma severa legislação sobre entorpecentes foi aprovada. Nessa época, as drogas ilícitas mais usadas eram a maconha e as anfetaminas. Essa legislação continuou em vigor até agosto de 2006, quando foi substituída pela atual.

Hoje, apesar dos riscos envolvidos na obtenção da maconha, seu uso recreativo é cada vez mais aceito entre alguns setores da classe média brasileira – mesmo por aqueles que não a consomem.

FORMAS E APRESENTAÇÕES

A cannabis não é consumida apenas em seu estado natural. As formas, as apresentações e os modos de uso são muitos

Embora fumar a cannabis e comê-la como ingrediente em certos pratos sejam suas formas de consumo mais comuns, há uma grande variedade de maneiras de a planta ser usada. Os usuários afirmam que cada método de consumo tem um efeito psicoativo diferente. Por exemplo, fumar maconha, segundo eles, teria um efeito mais relaxante, enquanto comê-la ou absorver o vapor por meio de um vaporizador tem um efeito mais intenso, "cerebral". Os três principais produtos derivados da canabis são a erva (a maconha, isto é, as flores secas da planta), a resina (o haxixe) e o óleo de cannabis.

PARA FUMAR

A forma mais comum de consumo da cannabis é a de flor seca da planta fêmea prensada para fumar. O "baseado", termo que designa um cigarro de maconha, é o meio mais usado. Pode ser enrolado apenas com a erva ou com uma mistura de cannabis e tabaco, como fazem na Europa. Normalmente, o baseado é enrolado num papel para cigarros, cada vez mais comum, ou em "sedas", papel não destinado a esse fim, cujo nome deriva do "papel de seda", considerado ideal para enrolar o cigarro de cannabis. A planta também pode ser fumada em cachimbos feitos de diversos materiais específicos para esse fim. Quase sempre fabricados à mão, os cachimbos têm todos os tipos de formas imagináveis, muitos trazendo pequenas esculturas ou relevos. Outra forma muito popular de se fumar a cannabis é por meio de "bongs", cachimbos feitos de vidro, com formas intrincadas e cores berrantes. Diferentemente dos cachimbos, os bongs têm um compartimento de água por onde passa a fumaça. Acreditava-se, até recentemente, que fumar por meio de um bong era mais saudável do que fumar o baseado, mas estudos revelaram o contrário. A água, em vez de filtrar as substâncias nocivas, retinha o elemento psicoativo.

© Luis Carlos Jimenez del rio

KIEF

O kief, que em árabe significa "bem-estar" ou "prazer", é um pó obtido dos tricomas da cannabis, isto é, de bolsas de resinas das plantas que secretam substâncias destinadas, em geral, à proteção. Normalmente, os tricomas parecem pequenos pelos ou escamas nas folhas ou no caule de algumas plantas, como, por exemplo, a urtiga. Para se obter o kief, flores secas de cannabis são peneiradas. O kief possui concentração muito maior de psicoativos canabinoides, como o THC, do que as flores de cannabis das quais deriva. Normalmente, o kief é misturado ao haxixe, mas também pode ser vaporizado ou fumado diretamente. No Marrocos, o termo "Kief" refere-se, igualmente, a uma mistura dos tricomas da cannabis com haxixe ou tabaco. Apesar da forte concentração de canabinoides nos tricomas, o tipo da planta determina a intensidade do kief. A forma de se obtê-lo também dita a qualidade do produto final.

© Kandelaki

ÓLEO DE CANNABIS

Trata-se de uma matriz resinosa de canabinoides obtida por meio de extração por solvente da cannabis. É o mais potente entre os três produtos principais do gênero, isto é, a erva, a resina e o óleo.

O teor do THC varia conforme a planta. O Relatório Mundial sobre Drogas de 2009 estabelece que o teor de THC do óleo de cannabis "pode exceder 60%". Atualmente, alguns laboratórios americanos, como o SC Labs, em Santa Cruz, California, o Steephill Labs, em Berkeley, também na Califórnia, e o GreenStyle Consulting Solutions, testam produtos obtidos de cannabis e relatam teores que variam de 30 a 90%, com os níveis mais preponderantes entre 60 e 85%. O óleo pode ser fumado ou inalado por meio de vaporização.

A forma mais comum de se produzir o óleo de cannabis é passar butano líquido em um tubo cheio de flores de cannabis. A baixa temperatura do gás cristaliza as resinas da planta. Conforme o butano passa pelo tubo, a resina cristalizada fica aprisionada no líquido. O produto resultante é vertido em um recipiente de vidro, na saída do tubo. Como o butano tem baixa temperatura de evaporação, ele é convertido em vapor rapidamente, deixando apenas a resina cristalizada, que é, então, purgada em uma câmara de vácuo. Tal procedimento, dependendo do tempo de exposição ao vácuo, altera a consistência do óleo, podendo produzir, por exemplo, cera. É possível usar outros solventes no lugar do butano, desde que sejam puros, isto é, sem aditivos, pois os resíduos podem causar danos à saúde.

Nos Estados Unidos, em estados que permitem o uso de cannabis para fins medicinais, alguns usuários mais afoitos, ansiosos por potencializar seu estoque, causaram explosões em suas casas tentando produzir o óleo de cannabis. Em Michigan, só em julho de 2013, foram relatadas duas explosões. O butano é altamente inflamável.

O consumo do óleo é pequeno, comparado às outras formas de uso da planta, principalmente às flores secas. Ele representa apenas 0,01% do total de cannabis apreendida no mundo. Em 2007, foram 418 kg. Na maior parte dos países, inclusive nos EUA, onde o uso medicinal é permitido em alguns estados, o óleo é proibido. No entanto, em outros, como Portugal, é permitido. Nesse país, pode-se ter até 2,5 g de

© jurgajurga

BHANG

O bhang é muito popular em todo o subcontinente indiano, onde é o consumido há centenas de anos. Trata-se de uma preparação das folhas e flores da cannabis fêmea, geralmente adicionada ao leite ou à coalhada. Há, ainda, o bhang goli (bola), cannabis fresca moída com água. Muito comum em toda a Índia e o Nepal, não é considerada uma droga, mas indutor de sono e estimulador de apetite. Na medicina tradicional indiana, chamada de "aiurvédica", muitos remédios levam bhang em pó em suas receitas. O mesmo acontece na culinária: uma bebida muito popular em muitas partes do subcontinente é o "bhang ki thandai", ou "sardai", preparada com amêndoas, especiarias, leite e açúcar, e servida gelada.

O bhang tem sido usado desde os tempos védicos e é parte integral da cultura hindu. Os sadhus, ascetas dessa religião, usam o bhang para atingir estados transcendentais. Também os sikhs, no Rajastão, usam o bhang como analgésico para feridas de batalha. Vale lembrar que os sikhs formam o maior contingente do exército indiano.

Nos "ghats", as escadarias que descem aos rios na Índia, onde os hindus executam rituais, é muito frequente encontrar homens preparando bhang. Eles moem em pilões as flores e as folhas das cannabis fêmeas até obterem uma pasta. Então, adicionam leite, "ghee" – a manteiga clarificada, ingrediente básico da culinária indiana – e especiarias. Esse produto pode ser usado para preparar uma bebida forte, inebriante, o "thandai", ou ser misturado com ghee e açúcar para fazer o "golee", uma espécie de bala de cannabis.

© irmus

Na Caxemira, o bhang é preparado de modo diferente. Primeiro, as folhas e flores são levemente cozidas. Em seguida, são adicionadas sementes brancas de papoula e mói-se tudo com pilão, adicionando um pouco de água para manter a pasta umedecida. Depois, adiciona-se água e passa-se tudo em um coador. O líquido resultante pode ser consumido e ter um efeito potente.

Em alguns lugares remotos do interior da Índia, onde ainda se vive como há centenas de anos, as pessoas atribuem diversas propriedades medicinais à cannabis. Sua forma mais comum de consumo é o bhang. Se administrado na quantidade correta, pode, segundo os camponeses indianos, curar febres e disenteria, estimular o apetite e induzir o sono.

HAXIXE (CHARAS)

O haxixe, chamado de "charas" na Índia, no Nepal, no Paquistão e no Afeganistao, é feito da resina da cannabis, encontrada nos tricomas da cannabis fêmea. Durante a colheita, os camponeses esfregam as plantas com as mãos e a resina acaba aderindo à pele. Depois, raspam a substância e fazem bolas de haxixe com elas. A pasta é conhecida como "creme de cannabis".

© Kondor83

O haxixe é uma das formas da cannabis mais consumidas no Oriente

Essa forma de preparação da cannabis tem sido usada no subcontinente indiano com propósitos religiosos e medicinais há milhares de anos. Nos tempos do império britânico, o haxixe era vendido com o ópio, em lojas controladas pelo governo,

© Eldad Carin

seguindo, assim até os anos 1980. Ele continua a ser vendido em algumas partes do Rajastão.

O charas exerce importante papel na religião hindu, sendo usado, principalmente, pelos shaivs, uma seita hindu que adora a BShiva, a divindade que encerra o ciclo da criação, trazendo, portanto, a destruição. Na verdade, muitos hindus veneram a cannabis como um dos aspectos do Senhor Shiva, uma vez que, entre seus atributos positivos, o deus também representa a transcendência ilimitada.

Apesar do uso milenar e da influência cultural em todo o subcontinente indiano, nos anos 1980, sob o governo Ronald Regan, o Departamento de Estado dos Estados Unidos pressionou para que o governo indiano tornasse a produção e a venda de charas ilegais. Até mesmo a posse de pequenas quantidades implicava penas que podiam chegar a até dez anos de prisão. Hoje, porém, as leis estão mais tolerantes. Contudo, a posse de charas continua a ser um meio de os policiais extorquirem dinheiro dos usuários.

Apesar da repressão, o consumo não diminuiu. De fato, mesmo no período mais crítico, manteve-se igual ao que era durante o período em que era legal. Atualmente, seu uso é muito difundido entre jovens executivos indianos. Com efeito, a geração mais nova está tornando o uso do haxixe tão popular quanto era durante o império britânico, consumindo a droga de modo recreativo.

Embora o haxixe seja encontrado em todo o subcontinente, sua produção restringe-se a poucos lugares do norte do país, especialmente no Vale Parvati e na Caxemira. No sul, também é produzido, porém, com qualidade significativamente inferior. E como não poderia deixar de ser, com tanta abundância do produto, uma grande quantidade de haxixe indiano é contrabandeada para a Europa.

O Nepal também produz grande quantidade de charas. Até os anos 70, era vendido em lojas do governo. Por essa razão e por todo o misticismo que envolve o país, o Nepal tornou-se um destino muito buscado pelos hippies no auge do movimento de contracultura. Contudo, o governo nepalês acabou cedendo às pressões internacionais e proibiu, ao menos nominalmente, a venda da droga. Contudo, nem o consumo nem a produção caíram. No distrito de Rolpa, um dos mais isolados e pobres do país, o cultivo de cannabis e a produção de haxixe são importantes atividades econômicas. Assim como o indiano, a alta qualidade do haxixe nepalês deve-se às plantas, nativas dos contrafortes do Himalaia.

O haxixe também é produzido no norte da África e no Oriente Médio, em países como o Marrocos e o Líbano e na Ásia Central. É, porém, preparado de forma diferente do indiano e nepalês. Normalmente, plantas secas de cannabis são peneiradas numa tela fina. O pó resultante é, então, prensado. A qualidade desse haxixe é inferior à do indiano, devido à grande quantidade de folhas que ele contém. Na China ocidental, na Região Autônoma do Xinjiang, também é produzido um tipo semelhante.

GARDAA

O gardaa é um tipo de haxixe feito, principalmente, nas áreas tribais do norte do Paquistão e no Afeganistão, usando-se plantas secas de cannabis. Como o haxixe produzido na Índia, é uma substância flexível, que pode ser moldada de diversas formas, normalmente em bolas. No entanto, ao contrário do contratipo indiano, o gardaa dissolve-se em partículas menores com o menor calor – mesmo o das mãos –, daí o nome: "gardaa", palavra urdu que significa "pó". De fato, o produto tem aparência de uma espessa poeira marrom. Há dois tipos de gaarda: o pakka ardaa, de textura sólida e o kacha gardaa, um pó verde, levemente marrom. Devido ao estado resinoso, tanto o gardaa quanto o haxixe são, normalmente, misturados ao tabaco, enrolados em papel de cigarro e, em seguida, fumados.

DRAGÃO VERDE (TINTURA)

A tintura da cannabis, apelidada de "Dragão Verde", devido, claro, à sua cor característica de clorofila, é usada para beber e também pode ser aplicada diretamente na pele. Para fabricá-la, deve-se extrair o THC e outros canabinoides contidos nas flores e folhas da cannabis fêmea por meio do álcool. Normalmente, seca-se a planta em um forno durante alguns minutos, para decarboxilar, antes do banho no álcool. A decarboxilação serve para potencializar o THC na preparação resultante. Nos EUA, há uma preparação farmacêutica comercializada sob o nome de Sativex, em spray, para uso oral.

© DVARG

ALIMENTOS À BASE DE CANNABIS

© sohadiszno

Cookies de aveia e banana com cannabis.

Uma das formas de consumo da cannabis é como ingrediente de diferentes pratos. Alguns pesquisadores afirmam que a ingestão da cannabis, desde que apropriadamente preparada, é mais eficiente para absorver os canabinoides do que fumando a planta. O efeito, porém, tende a ser mais lento, uma vez que a absorção do THC pelo trato digestivo demora mais.

Um dos ingredientes culinários à base da planta mais comuns é o óleo de cannabis. A "manteiga mágica", que contém cannabinoides, também chamada de "butterjuana" ou "cannabutter", também é muito usada na culinária psicodélica. E como as resinas da cannabis são solúveis em álcool, rum ou licores infundidos com cannabis, elas também são usadas no preparo dos "pratos mágicos". Nesse caso, o Green Dragon também pode virar ingrediente. O Creme de Gras é um licor feito à base de cannabis que pode ser adicionado ao café ou a outras bebidas.

Uma das receitas mais famosas feitas com cannabis – muito procurada em certos cafés de Amsterdã – são os space cakes, também chamados de hash cakes. São muffins, brownies e cookies feitos com grandes quantidades de haxixe, normalmente meio grama da droga para cada grama dos produtos, de modo que quem os consome obtém efeito forte e de longa duração.

O maior benefício ao consumir esses bolos é a isenção dos efeitos prejudiciais da fumaça no sistema respiratório. De acordo com os consumidores, o sabor dos confeitos não é muito diferente do de outros feitos com os ingredientes normais.

CHÁ DE CANNABIS

Alguns usuários preparam chá (na verdade, infusão) com as folhas da cannabis. Como o agente psicoativo primário da planta não é solúvel em água, esse método de consumi-la provoca pouco efeito psicoativo. Essa técnica vem sendo usada há milhares de anos como forma de usar a planta por conta das suas qualidades medicinais, em vez das alucinógenas.

© Floralena

CANNABIS E RELIGIÃO

A cannabis tem sido usada num contexto espiritual e religioso na Índia desde os tempos védicos, há mais de 3.500 anos. Os santos hindus são notórios por usar a planta para induzir estados espirituais e como auxiliar na meditação. Atualmente, a cannabis também tem sido usada pelos seguidores do movimento rastafári, que a

© f9photos

Shiva, uma das principais divindades hindus, consome cannabis como sacramento

consomem em seus ritos, segundo eles, para potencializar a consciência.

O primeiro relato sobre o uso sagrado da cannabis na Índia e no Nepal está no *Atharva Veda*, escrito entre 2000 e 1400 a.C. O texto menciona a cannabis como uma das "cinco plantas sagradas". O hinduísmo relaciona o uso da cannabis ao culto de Shiva, uma das três principais divindades dessa religião, tanto que a oferenda mais comum à divindade é o bhang – também consumido por aqueles que o ofertam. De acordo com os adeptos do shivaismo, o "elixir da vida", isto é, a cannabis, foi produzido quando o oceano foi criado pelos devas e pelos asuras (deuses e demônios hindus). Shiva, então, criou a cannabis do seu próprio corpo para purificar o elixir que viria a ser o oceano. Assim, o consumo moderado do bhang, feito de acordo com os preceitos religiosos, limparia o devoto de seus pecados e evitaria uma vida futura de sofrimento.

Por outro lado, tomar o bhang de modo irresponsável, com fins puramente recreativos e sem os ritos apropriados, é considerado pecado.

Na África, onde o consumo da cannabis faz parte da cultura local, além do uso medicinal, a planta também é usada de forma ritual. Nas aldeias, em cujos arredores exploradores europeus do século XIX relataram haver grandes traços de terra destinados ao cultivo de cannabis, as sociedades de fumantes da planta eram comuns. Elas serviam para reforçar laços de amizade e levaram à formação de cultos religiosos. Entre diversos povos, a tribo Baluka, do Congo, estabeleceu um culto de consumo de cannabis chamado de "riamba", no qual a planta era fumada em enormes cabaças. Os seguidores do culto, que chamavam a si mesmos de Bena Riamba, ou "filhos do cânhamo", deviam mostrar sua devoção fumando o máximo possível. Eles atribuíam poderes mágicos à cannabis e acreditavam que seu consumo combatia todos os males. Por isso mesmo, levavam-na consigo nas guerras e viagens. A cabaça usada para fumar a cannabis era, para esses povos, um símbolo da paz, semelhante ao "cachimbo da paz" dos índios norte-americanos. Nenhum acordo de paz ou de comércio era selado sem ele.

Na China, onde a cannabis é usada por suas propriedades medicinais há mais de dois milênios, a planta ainda é usada em rituais xamânicos, praticados nas regiões centrais do país. Um texto médico clássico chinês, o Shennong Ben Cao Jing, produzido por volta de 100 d.C. afirma que "ao consumirem demais, as pessoas veem demônios e comportam-se como maníacos, mas, se consumir-se durante um longo período, a pessoa consegue comunicar-se com espíritos". Os sacerdotes taoístas, os quais estudavam alquimia em busca

© 1000 Words

do elixir da eterna juventude, também faziam uso da cannabis, queimando-a, principalmente, em incensos "purificadores". Um texto taoísta, o Yuanshi shangzhen zhongxian ji, afirma que "aquele que começa a praticar o Tao não precisa ir até as montanhas... pois incenso purificador também pode invocar os Imortais Perfeitos". Os sacerdotes taoístas, que também faziam previsões do futuro, usavam sementes de cannabis misturadas ao ginseng para ter conhecimento dos eventos que estavam para ocorrer. Também na Ásia Central, de acordo com antigos textos gregos e achados arqueológicos, a cannabis é usada há, pelos menos, 2.500 anos.

Modernamente, os membros do movimento Rastafári usam a cannabis como parte do culto ao seu rei Haile Selassie I, da Etiópia, e para estimular a meditação. O movimento foi fundado na Jamaica em 1930 e afirma que a planta é a Árvore da Vida mencionada na Bíblia. Assim, o uso da cannabis é parte integral do que os rastas chamam de "sessões de conversação", em que os membros se reúnem para discutir a vida e a verdade sob a perspectiva rastafári. Eles acreditam que a planta tem o poder de levá-los para mais perto de Deus, a quem chamam de Jah. Para os rastas, a erva traz autocompreensão e permite entender Deus e o universo, além de tirar o mal do coração humano, purificando-o. Esfregar cinza de cannabis na pele é considerado um ato propício. Apesar disso, não é preciso, realmente, usar a canabis para ser um rastafári.

Também há, pelo menos, uma denominação cristã que considera a cannabis um sacramento, isto é, um rito sagrado de particular importância. Os membros do Ministério do THC veem a cannabis como capaz de trazer cura e iluminação, e sustentam que a planta era um dos ingredientes principais do óleo de ungir mencionado na Bíblia. Uma de suas missões é liberar a cannabis, envolvendo-se ativamente na discussão sobre o uso da planta na sociedade.

Sacerdote taoísta no festival Phuket.

DEPENDÊNCIA E SEQUELAS

Pesquisas sobre os possíveis males e a dependência causados pelo uso de cannabis; a teoria da "porta para outras drogas" e sua validade; cannabis e doenças respiratórias

Nenhuma droga, legal ou ilegal, é isenta de efeitos secundários. A maioria dos usuários e simpatizantes defende a maconha, sustentando que é uma "droga leve", "natural". No entanto, diversas pesquisas revelam que a realidade é outra. A maconha pode, sim, fazer mal. Uma parcela significativa, entre 6% e 12% das pessoas que experimentam, acaba desenvolvendo o uso compulsivo da droga. Embora, o THC, a substância ativa da cannabis, não cause dependência, há pessoas com potencial para desenvolver o vício.

© Arman Zhenikeyev

De fato, o uso regular da cannabis pode ser visto como uma forma de dependência. Para muitos usuários, é muito difícil interromper o consumo da substância, mesmo quando não se assume essa situação, um quadro conhecido como negação da dependência. Por outro lado, não é incomum o usuário descobrir que a cannabis se tornou seu principal motivador e, ao tentar reverter essa situação, encontra dificuldade. Embora não haja reações físicas violentas, como no caso da interrupção do consumo de heroína ou de cocaína, uma vez que o THC não provoca dependência física, o consumidor que interrompeu o uso tende a ficar irritadiço e a ter crises de ansiedade, as quais são interrompidas apenas ao se recorrer novamente à substância. É o chamado vício psicológico relacionado às sensações de prazer e segurança provocadas pela droga. "No início era muito difícil, eu ficava muito mal humorado, mas não sentia vontade de fumar", conta R. M., que fumou cannabis diariamente durante dezenove anos e, então, decidiu parar. "Foi só depois de alguns meses que eu comecei a sentir a necessidade do 'barato', de sentir aquela sensação de estar 'chapado' e, como não queria mais voltar a fumar, fiquei deprimido". Por causa da dificuldade de parar de fumar maconha, mais e mais consumidores buscam ajuda em centros especializados para renunciar ao consumo.

Um folheto informativo produzido pelo Instituto da Droga e da Toxicodependência, em Portugal, elenca os efeitos negativos da cannabis: "... podem incluir sensações de paranóia, boca seca, problemas respiratórios e ansiedade. Outros efeitos que podem ocorrer em determinadas situações incluem redução da capacidade de concentração, cansaço, confusão, alteração da memória e dissociação de ideias". Além disso, os efeitos alucinógenos da planta têm potencial de causar ansiedade e ataques de pânico.

O efeito alucinógeno proporcionado pela maconha vem do THC, sigla do delta-9-tetrahidrocanibol, o princípio ativo da planta. Os efeitos físicos imediatos mais característicos do THC são os olhos vermelhos, ou, na linguagem médica, a hiperemia das conjuntivas, devido à dilatação de seus vasos sanguíneos. Outra resposta física ao THC é a xerostomia, isto é, a boca seca. A maconha também provoca taquicardia. O coração dispara de 60 a 80 batimentos por minuto, podendo chegar a 120-140 ou até mais.

© Evgeny Atamanenko

A sensação de prazer proporcionada pela cannabis acontece porque o princípio ativo da droga é – por um acaso, incrível – muito parecido com o de um importante mensageiro químico do cérebro. O THC tem estrutura química semelhante à das substâncias que controlam a passagem de sinais entre as células nervosas, os neurônios. Esse sistema de mensagens do cérebro foi descoberto graças às pesquisas sobre maconha e, em homenagem à droga, foi batizado de sistema endocanabinoide (ou seja, da "cannabis produzida dentro" do corpo). O sistema endocanabinoide atua em quase todas as regiões do cérebro, mas o prazer gerado pela droga advém do fato de que ele age sobre o córtex (a sede da consciência e da razão), a amígdala (ligada às emoções) e o tronco cerebral (responsável pela sensação de dor). É por isso que os usuários relatam experimentar tranquilidade e bem-estar durante o consumo – as mensagens químicas ligadas à ansiedade ou à dor são barradas pela ação da droga sobre o sistema endocanabinoide.

Os efeitos psíquicos dependem da qualidade da maconha e da sensibilidade de quem a fuma. Uma pessoa acostumada a fumar todos os dias, por exemplo, tende a ser menos sensível do que uma que a usa esporadicamente. Para a maioria, os efeitos imediatos são uma sensação de bem-estar, calma e relaxamento. É comum ter vontade de rir, além de as ideias mais absurdas parecerem profundas descobertas filosóficas. Alguns experimentam, porém, efeitos desagradáveis. Essas bad trips podem incluir de náuseas à angústia; de tremores e suadores ao medo de perder a cabeça.

Outra característica do efeito é uma perturbação na maneira de perceber o tempo e, menos comum, o espaço. A concentração e a memória imediatas (ou de curto prazo) dispersam-se. Tem-se a sensação de que se passaram horas quando, na realidade, foram alguns minutos, ou de perceber um túnel de 10 metros de comprimento como um de 100. Decorar uma informação numérica, como um número de telefone ou uma conta bancária, por exemplo, torna-se impossível. São as chamadas "marcadas". Pessoas sob a ação do THC têm dificuldade para executar tarefas que demandam atenção e discernimento. Isso torna atividades como dirigir sob a influência da maconha um perigo em potencial.

Muitos especialistas chamam atenção para o fato de que a maconha está ficando mais potente. Ao longo dos últimos 40 anos, foram feitos aperfeiçoamentos genéticos cruzando plantas com alto teor de THC. Surgiram variedades fortíssimas como o skank (ou skunk). No ano passado, foram apreendidos carregamentos de maconha alterada geneticamente no Leste europeu. As espécies geneticamente modificadas são mais potentes, o que poderia, em tese, aumentar os problemas ocasionados pelo uso

© Eric Gevaert

contínuo da planta.

USO CRÔNICO

O uso contumaz do THC leva a um quadro mais crônico. Pesquisas realizadas com usuários que fumavam mais de um baseado (o nome dado ao cigarro de maconha) por dia revelam tendências negativas. Uma das comprovações tem a ver com a memória de curto prazo – aquela que nos permite absorver uma informação nova no momento presente – e a atenção: ambas ficam realmente prejudicadas. Vale avisar, porém, que esses traços só se apresentam com o uso contínuo e em grandes doses. Do contrário, deixar de fumar é suficiente para que essas funções do cérebro se refaçam.

Com o uso continuado, vários órgãos podem vir a ser afetados. Os pulmões são os mais atingidos.

A irritação contínua pode leva a problemas respiratórios, como a bronquite. O argumento de que a maconha é "natural" cai por terra por conta dos resultados de um relatório divulgado em 2002 pela Fundação Britânica do Pulmão (BLF, na sigla em inglês). De acordo com o documento, fumar três cigarros de maconha tem o mesmo efeito nos tecidos pulmonares que 20 cigarros normais. O relatório demonstrou que a maconha e o tabaco contêm quantidades equivalentes de substâncias tóxicas, além da nicotina. A diferença, porém, está na maneira como a droga é consumida. Normalmente, o fumante de maconha tem comportamentos mais arriscados do que o de cigarro: traga mais profundamente, não usa filtro e segura a fumaça por mais tempo no pulmão (o que, aliás, segundo os cientistas, não aumenta os efeitos da droga). "Isso resulta em mais dióxido de carbono e alcatrão nos pulmões", disse Helena Shovelton, presidente executiva da BLF, em entrevista à revista New Scientist. "A quantidade de fumaça que chega ao pulmão com a maconha é dois terços maior e ela permanece nas vias respiratórias, em média, quatro vezes mais tempo", afirma. A falta de efeitos nocivos imediatos derivados do uso da maconha leva muitos a pensar que a planta não representa risco para a saúde. Mas pesquisas sobre a maconha ainda são poucas e recentes. Em poucos anos, talvez apareçam casos de câncer de pulmão ocasionados pelo uso da maconha.

Outro efeito físico resultante do uso crônico da droga tem relação com a testosterona, o hormônio masculino que confere ao homem maior quantidade de músculos, a voz mais grossa, a barba, e responsável pela fabricação de espermatozoides pelos testículos. É sabido que a maconha diminui consideravelmente a produção de testosterona. Consequentemente, o homem passa a apresentar um quadro conhecido como oligospermia, isto é, uma queda no número de espermatozoides no líquido espermático – o que resulta em infertilidade. No entanto, esse efeito desaparece quando a pessoa deixa de usar a droga.

O uso da maconha por grávidas pode resultar em um sério problema de má-formação do feto. Um estudo feito na Suécia divulgado no final de 2006 pela prestigiosa revista Sicence demonstra que mulheres que consomem maconha durante a gravidez podem ter filhos com cérebros mal- desenvolvidos. O trabalho mostra que a droga atrapalha as conexões entre os neurônios em uma fase crítica da formação cerebral. Conforme crescem, as crianças podem ter dificuldades de desenvolvimento. "Se há uma mensagem a ser passada por este trabalho é que as mulheres grávidas não devem nunca, jamais, consumir maconha, ou qualquer composto que contenha maconha, em qualquer momento da gravidez", afirmou o líder da equipe que realizou o estudo, Tibor Harkany, do Instituto Karolinska, em Estocolmo. Segundo o cientista, a pesquisa apresenta dois resultados importantes. O primeiro é o entendimento mais completo das ações da maconha no cérebro. "Por enquanto temos uma compreensão limitada das consequências da cannabis e entender como ela afeta um cérebro em desenvolvimento pode ajudar bastante a compreender como ela age em um cérebro adulto", diz ele. O segundo é a demonstração de um mecanismo fundamental da formação do cérebro ainda no útero da mãe.

Além dos efeitos físicos, há também os problemas psíquicos causados pelo uso crônico da cannabis. Por exemplo, o uso contínuo da maconha interfere na capacidade de aprendizagem e na memorização, e pode induzir uma síndrome amotivacional, ou seja, um estado no qual o usuário não sente vontade de fazer nada. Tudo fica sem graça e sem importância. A única coisa que o motiva é a maconha. Nessa situação de dependência, algumas pessoas passam a organizar sua vida em torno do uso da droga. Assim, para se fazer qualquer atividade – cinema, teatro, show ou até mesmo uma atividade profissional –, é preciso "fumar um baseado" antes. A síndrome amotivacional é especialmente grave para os adolescentes. Eles estão em fase de formação da personalidade e de tomada de decisões importantes que irão refletir na sua vida adulta. Pular ou prejudicar essa fase pode ser desastroso.

© Atomazul

Por último, mas, nem por isso, menos grave, o uso crônico da maconha pode antecipar ou agravar uma doença mental já existente. Em um estudo recente, uma equipe da universidade americana de Yale administrou a substância ativa da maconha, o THC, em um grupo de voluntários. Mesmo em doses relativamente baixas, eles descobriram que 50% dos voluntários saudáveis começaram a mostrar sintomas de psicose. Aqueles que já tinham um histórico de sintomas psicóticos mostraram-se ainda mais vulneráveis. De acordo com o artigo, *Abuso e Dependência de Maconha*, publicado na Revista da Associação Médica Brasileira, "o consumo de maconha pode desencadear quadros temporários de natureza ansiosa, tais como reações de pânico, ou sintomas de natureza psicótica. Ambos habitualmente respondem bem a abordagens de

reasseguramento e normalmente não há necessidade de medicação". Além disso, "a maconha é capaz de piorar quadros de esquizofrenia, além de constituir um importante fator desencadeador da doença em indivíduos predispostos. Desse modo, pacientes esquizofrênicos usuários de maconha e seus familiares devem ser orientados acerca dos riscos envolvidos. O mesmo se aplica aos indivíduos com fatores de risco e antecedentes familiares para a doença".

QUADRO 3 – Déficits motores e cognitivos observados durante a intoxicação aguda da maconha
• Redução da capacidade para solucionar problemas e classificar corretamente as informações (por ex., sintetizar da parte para o todo).
• Habilidades psicoespaciais (por ex., problemas para diferenciar tempo e espaço).
• Piora da compressão diante de estímulos sensoriais apresentados.
• Redução da capacidade para realizar atividades complexas (por ex., dirigir automóveis).
• Prejuízo da representação mental do ambiente.
• Redução das atividades da vida diária.
• Redução da capacidade de transferir material da memória imediata para a memória de longo prazo.
• Piora das tarefas de memória de códigos.
• "Ressaca" matinal.
• Redução da formação de conceitos.
• Piora da estimativa de tempo.
• Piora da capacidade de concentração.

Fonte: Revista da Associação Médica Brasileira, vol. 51, no .5, São Paulo, Sept./Oct. 2005

CONSUMO:

UM PERFIL ESTATÍSTICO

Uma das drogas ilícitas mais consumidas no mundo, a maconha está presente em todos os setores e faixas etárias da sociedade

Para melhor dimensionar o problema em torno do debate sobre a cannabis, especialmente, se é ético ou não usar a planta, vale a pena ver o que concluíram diversos estudos realizados sobre o consumo dessa droga.

Em um mundo no qual drogas lícitas, como o álcool e o tabaco, causam a morte de milhares de pessoas em todo o Planeta, o número de usuários de cannabis pode lançar luz sobre uma tendência mundial crescente.

Conforme colocou um participante de um fórum sobre a liberação do uso da cannabis, "as autoridades não podem criminalizar tanta gente".

No Brasil, um dos estudos mais importantes sobre o tema é o Levantamento Nacional de Álcool e Drogas (Lenad), realizado por pesquisadores da Universidade Federal de São Paulo (Unifesp). A pesquisa é pioneira em trazer uma amostragem representativa da população com relação ao consumo e à dependência de drogas, além da questão da legalização. A última edição foi divulgada em 2012.

Para realizar o levantamento, foram entrevistadas 4.607 pessoas, com idade mínima de 14 anos, em 149 municípios de todos os estados brasileiros. No processo, cem entrevistadores visitaram domicílios que iam desde favelas até condomínios fechados. Também participaram voluntários, que responderam a um questionário com 800 perguntas. Além da cannabis, as questões também abordaram o uso do álcool, do tabaco e de outras drogas ilícitas. A pesquisa, financiada pelo Conselho Nacional de Desenvolvimento Científico e Tecnológico (CNPq) custou mais de R$ 1 milhão. Abaixo, suas principais conclusões:

Cerca de 1,5 milhão de adolescentes e adultos usam maconha diariamente no Brasil.

Mais de 3 milhões de adultos, com idade entre 18 e 59 anos, fumaram maconha em 2011, e cerca de 8 milhões de adultos (7% dessa parcela da população) já experimentaram a droga alguma vez.

O número de homens entre os usuários é três vezes maior do que o de mulheres.

62% dos usuários tiveram o primeiro contato com a maconha antes dos 18 anos de idade. Entre os adolescentes de 14 a 18 anos, 470 mil revelaram que fizeram uso em 2011 e 600 mil disseram já ter experimentado a droga alguma vez na vida.

17% dos consumidores nessa faixa afirmaram

© Couperfield

que conseguiram a substância dentro da escola.

1,3 milhão de adolescentes e adultos afirmaram ter sintomas de dependência. Entre os usuários adultos, o índice de dependência foi de 37%. Na adolescência, 10%.

Há 1,4 adolescentes para cada adulto usuário de maconha.

Um em cada dez homens adultos já experimentou maconha.

Cerca de 40% dos usuários são dependentes da droga.

Novos dados foram coletados pela Fundação Oswaldo Cruz (FioCruz) em 2015 para atualizar o estudo, mas eles ainda estão sendo compilados. Nesta nova pesquisa, houve avanços com relação à coleta de informações. Pela primeira vez, foram entrevistados brasileiros de 12 a 65 anos de idade, de ambos os sexos, moradores de áreas urbanas, rurais e de fronteiras. Além de serem questionados sobre os hábitos pessoais, o levantamento também abordou as características das pessoas com as quais os entrevistados têm contato, na tentativa de promover uma estimativa indireta sobre o uso da cannabis.

Outro estudo, o VI Levantamento Nacional sobre o Consumo de Drogas entre Estudantes do Ensino Fundamental e Médio da Rede Pública e Privada nas Capitais Brasileiras, realizado em 2010, aponta que 3,7% dos estudantes usaram maconha no ano anterior.

Os menores índices de usuários foram registrados nas capitais da região Norte, com 1,5 a 3,2%; e os maiores, na região Sul, com 8,5 a 9,9%.

Os dados foram obtidos por meio de um questionário de auto-preenchimento com 50.980 estudantes de 789 escolas, sendo 31.280 frequentadores

© Joshua Resnick

A cannabis é a droga ilegal mais consumida entre os jovens.

da rede pública e 19.610 da rede particular. O cálculo levou em consideração o uso, continuado ou não de solventes/inalantes, ansiolíticos, anfetamínicos, cocaína, maconha, crack e anticolinérgicos.

Esta versão da pesquisa é a mais recente, e pode conferida, na íntegra, no site do Centro Brasileiro de Informações sobre Drogas Psicotrópicas (CEBRID): *www.cebrid.epm.br*

DADOS INTERNACIONAIS

A Organização Mundial de Saúde (OMS), agência especializada em saúde subordinada à Organização das Nações Unidas (ONU), também realizou levantamentos sobre o uso da cannabis.

De acordo com relatório "Informe Mundial sobre as Drogas", divulgado, em 2014, pela United Nations Office on Drugs and Crime (UNODC), entre 162 e 324 milhões de pessoas com 15 a 64 anos de idade, ou seja, de 3,5% a 7% da população mundial, consumiu alguma droga ilícita na vida, principalmente, substâncias do grupo da cannabis, dos opiácios, das cocaínas e das anfetaminas.

O mesmo documento afirma que o consumo crônico de drogas se manteve estável (entre 16 e 39 milhões de pessoas), e, apesar de muitos indivíduos acreditarem que a cannabis é uma das drogas ilícitas menos perigosas, nos últimos dez anos aumentou o número de usuários que se submetem a tratamentos relacionados a transtornos causados por ela, especialmente nas Américas, na Oceania e na Europa. O material completo pode ser conferido, em espanhol, no site da UNODC: *www.unodc.org/documents/wdr2014/V1403603_spanish.pdf.*

A Pesquisa Global de Drogas (PGD) sobre o uso de substâncias viciantes também mostra um panorama mundial sobre o uso de entorpedentes. Realizado com mais de 80 mil pessoas de 18 países, incluindo o Brasil, o estudo mostrou que as drogas mais usadas pelos entrevistados foram o álcool, o tabaco e a cannabis.

PORTUGAL E EUA: UM COMPARATIVO

A cannabis é a droga ilegal mais consumida em Portugal. De acordo com o III Inquérito Nacional ao Consumo de Substâncias Psicoactivas na População Geral, divulgado em 2012, entre as substâncias psicoativas estudadas, a cannabis é a que concentra declarações de consumo mais frequentes, sendo relatada por 9,4% da população entre 15 e 64 anos de idade.

Segundo o documento, a primeira experiência de consumo ocorre, geralmente, aos 18 anos de idade, diferentemente do que acontece com outras substâncias, como a heroína (aos 19 anos), a anfetamina (aos 20), a cocaína e o LSD (aos 21) e o ecstasy (aos 22).

Já nos Estados Unidos, o consumo de maconha mais do que dobrou nos últimos dez anos. Esta foi a conclusão de um relatório divulgado, em

2015, pelo Instituto Nacional de Saúde (NHI, sigla em inglês), que compilou os dados de uma pesquisa realizada com mais de 79 mil adultos entre 18 e 29 anos de idade. Divulgados na revista da Associação Médica Norte-Americana de Psiquiatria, os dados revelam que 9,5% da população daquele país usam maconha, mais do que o dobro dos resultados obtidos entre 2001 e 2002, quando este número era de 4,1%.

O estudo também verificou que 30% dos norte-americanos que usaram cannabis em 2014 sofreram de uma "desordem do uso de maconha", ou seja, dificuldades em cumprir tarefas profissionais e acadêmicas.

No continente americano, o consumo da cannabis também aumentou. Segundo o Relatório Mundial sobre Drogas, divulgado em 2015 pela UNODC, 8,4% das pessoas residentes no continente americano, entre 15 e 64 anos, consomem maconha. Os Estados Unidos estão no topo da lista de usuários, por conta de sua recente mudança na legislação de alguns estados, que liberaram o consumo. O documento também mostra um aumento do uso de maconha entre a população do Chile (7,5%) e da Colômbia (3,3%). O relatório não revela dados sobre esta realidade no Brasil.

PANORAMA DA AMÉRICA DO SUL

Com relação à America do Sul, o Brasil é o quinto país no consumo de maconha entre estudantes do ensino médio, de acordo com estudo realizado pelas Nações Unidas e pela Organização dos Estados Americanos (OEA), em 2006. O Chile foi o país que registrou maior consumo (12,7%) entre estudantes do ensino médio. Logo depois, aparecem Uruguai, Argentina, Colômbia e Brasil, nesta ordem.

O levantamento, que foi o primeiro (e único) estudo comparativo sobre uso de drogas por estudantes do Ensino Médio na América do Sul, também indica que 1,7% dos brasileiros no ensino médio já consumiram cocaína, o que coloca o país em terceiro lugar no uso dessa droga entre estudantes sul-americanos do ensino médio. Entre os nove países sul-americanos que participaram da pesquisa (além de Brasil, Argentina e Chile, esse primeiro estudo comparativo sobre o uso de drogas por estudantes do ensino médio na América do Sul também incluiu Bolívia, Colômbia, Equador, Paraguai, Peru e Uruguai), o Brasil aparece atrás apenas da Argentina e do Chile no consumo de cocaína. O estudo da ONU e da OEA indica, ainda, que o álcool é a droga mais utilizada pelos estudantes do ensino médio nos nove países analisados. Na Colômbia, os números apontam que 51% dos alunos já consumiram álcool alguma vez. Também neste caso, o Brasil aparece em terceiro, atrás de Colômbia e Uruguai.

Uma das conclusões do estudo é a de que existe uma associação entre cigarro, álcool e drogas ilícitas. Ou seja, as taxas de consumo de maconha ou cocaína são mais altas, segundo a pesquisa, entre os que fumam e bebem.

O consumo da cannabis é tanto que a agência Reuters divulgou, em junho de 2007, que cientistas descobriram partículas de cocaína e marijuana – e também de cafeína e tabaco – na atmosfera da capital italiana. Foram colhidas amostras de ar em três cidades: Roma, Taranto, no sul do país, e em Algiers, no norte da África. Apesar de terem encontrado partículas de cafeína e tabaco em todos os três lugares, apenas em Roma havia presença de cocaína e marijuana no ar. O estudo, único no gênero, demonstrou como o consumo dessas substâncias é elevado a ponto de permanecerem na atmosfera.

© Artazum and Iriana Shiyan

Produção indoor de cannabis nos EUA.

PRODUÇÃO

Segundo o Relatório Mundial Sobre Drogas, divulgado em 2015 pela UNODC, a produção de cannabis é um fenômeno mundial. O cultivo da erva é realizado em quase todo o mundo, enquanto a produção da resina, matéria-prima do haxixe, é confinada a alguns países da África do Norte, do Oriente Médio e Sudoeste Asiático.

O Marrocos reportou, em 2013, o cultivo de 47.196 hectares de cannabis, um pequeno decréscimo do número divulgado em 2012, sendo 52 mil hectares. Já a Mongólia informou a produção de 15 mil hectares.

Dados de maconha apreendida mostraram que 60% do transporte da erva são feitos por terra, seguido da via marítima e, por último, da via aérea.

FARMACOLOGIA (CARACTERÍSTICAS E PRINCÍPIO ATIVO)

A cannabis atua no cérebro humano por ter estrutura química afim com nossos neurorreceptores

A cannabis é uma planta que tem indivíduos machos e fêmeas. As plantas do gênero Cannabis produzem uma família única de compostos chamados canabinoides, responsáveis pelo que os usuários chamam de "barato". Há 483 substâncias químicas conhecidas na cannabis e pelo menos 85 canabinoides diferentes foram isolados. Os dois canabinoides que a planta produz em maior abundância são o canabidiol (CBD) e o tetrahidrocanabinol (THC), mas somente o THC é psicoativo. As plantas fêmeas produzem uma quantidade superior de THC, suficiente para produzir os efeitos característicos.

No início da década de 1970, as plantas de Cannabis foram classificadas com base na quantidade total de THC e na proporção entre o THC e o CBD. Embora a produção de canabinoides seja influenciada por fatores ambientais, como excesso de chuva ou vento, as proporções de THC e CBD são determinadas geneticamente. Por conta disso, por meio de manuseio, os produtores estão conseguindo elevadas concentrações de THC. As plantas machos produzem níveis relativamente baixos de THC e níveis elevados da CBD, enquanto as plantas fêmeas produzem, ao contrário, altos níveis de THC e níveis baixos de CBD.

© Andrija Markovic

VÁRIOS TIPOS

Sejam cultivadas ou selvagens, há vários tipos de cannabis, classificadas em diversas espécies, subespécies ou variedades. Normalmente, elas são cultivadas para obter fibras e drogas.

Cânhamo – Planta cultivada para a fibra e produção de sementes, descrita como de baixo teor tóxico. O cânhamo foi, desde a Antiguidade ao começo do século XX, uma importante cultura no mundo todo, plantado para a produção de tecidos e cordas. O primeiro presidente dos EUA, George Washington, tinha uma grande plantação de cânhamo na Virginia. O Santo Sudário, uma relíquia religiosa que muitos acreditam ser a mortalha que envolveu o cadáver de Jesus, é feito de fibras de cânhamo.

Maconha – Planta cultivada para a produção de drogas, descrita como tendo alto teor tóxico. Historicamente cultivada para aplicações medicinais ou para induzir estados místicos por certas vertentes religiosas, também tem sido usada de modo recreativo há milênios. No Brasil, foi introduzida no primeiro século da colonização e era amplamente usada, até se tornar ilegal, nos anos 1930.

Cannabis Híbrida — Espécies híbridas produzidas artificialmente ou na natureza de cânhamo ou maconha.

Em 1940, botânicos russos propuseram uma classificação do gênero Cannabis, reconhecendo três espécies separadas: a sativa, a indica e a ruderalis. A sativa é a variedade mais difundida entre os usuários, uma planta alta, ramificada, encontrada em regiões de planícies quentes. Os botânicos russos reconheceram, ainda, duas subespécies de Cannabis sativa: a sativa L. subsp . culta Serebr ., composta de plantas cultivadas, e a sativa L. subsp. spontanea (Vav.) Serebr ., composta de plantas silvestres ou selvagens. Essas duas subespécies têm, ainda, 13 variedades. A sativa tem um efeito mais "cerebral", que induz ao que os usuários se referem como "viagens". Por isso, recomenda-se que seu uso medicinal seja feito durante o dia. A Cannabis indica é mais curta, adaptada a climas mais frios e às zonas montanhosas. Seus efeitos são mais suaves, mais sedativos do que os da Cannabis sativa. Usada medicinalmente, deve ser administrada à noite. Ao contrário da indica e da sativa, nativas da Ásia Central e Meridional, a Cannabis ruderalis é originária da Rússia central. Ela floresce mais cedo do que as outras espécies, não é muito alta e pode resistir a condições climáticas muito mais adversas do que as da indica e da sativa. A indica e a ruderalis não têm subespécies.

© Mavrick

Flores de cannabis

Entre os produtores e usuários, esses três tipos são reconhecidos, mas, a eles, somam-se os híbridos. A forma de classificação tem a ver com fatores como a forma, o aroma e, principalmente, as características psicoativas. Normalmente, os produtores caracterizam o tipo de cannabis em um espectro que varia conforme a pureza da planta: "indica pura", " maior parte indica", "indica / sativa", "maior parte sativa", ou "sativa pura ".

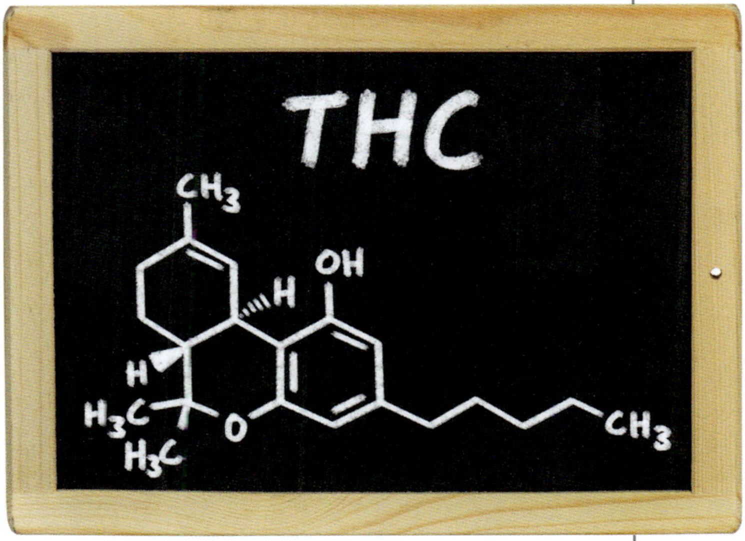

© Zerbor

A fórmula do THC

PRINCÍPIO ATÍVO

As substâncias psicoativas mais importantes na maconha são os canabinoides, especialmente o THC – tetrahidrocanabinol. Isolado pela primeira vez em sua forma pura, em 1964, pelos cientistas israelenses Raphael Mechoulam e Yechiel Gaonim, da Universidade Hebraica de Jerusalém, é o principal constituinte psicoativo da cannabis. Quando frio, é um sólido vítreo que se torna viscoso e pegajoso ao ser aquecido. O THC tem uma solubilidade muito baixa em água , mas é solúvel na maioria dos solventes orgânicos. O THC é produzido pela cannabis como mecanismo de defesa, talvez contra herbívoros. Algumas variedades, modificadas artificialmente, podem produzir até 29% de THC.

Embora seja o principal responsável pelos efeitos da maconha, o THC parece agir em conjunto com outros canabinoides presentes na planta. Contudo, não provocam qualquer efeito psicoativo. Não se sabe, ao certo, como essas substâncias interagem com o THC. O THC e canabidiol também são antioxidantes neuroprotetores. Estudos em ratos revelaram que o THC impediu danos oxidativos induzidos por hidroperóxido tão bem ou melhor do que os outros antioxidantes. Já o canabidiol demonstrou oferecer significativamente mais proteção do que as vitaminas E ou C.

CANABINOIDES

Além do tetrahidrocanabinol, o principal componente ativo da cannabis, a planta apresenta outros canabinoides:

- *Canabidiol (CBD), um isómero do THC*
- *Canabinol (CBN), um produto da oxidação do THC, poderoso antioxidamte, mais forte do que a vitamina C.*
- *Cannabivarin (VBC), um análogo do CBN com uma cadeia lateral diferente*
- *Canabidivarina (CBDV), um análogo do CBD com uma cadeia lateral diferente, e ácido canabinolico*

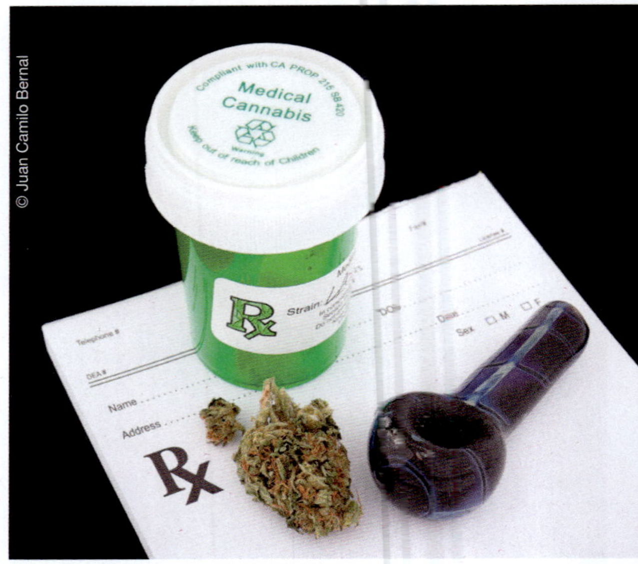

© Juan Camilo Bernal

TOXIDADE

O THC tem uma toxicidade extremamente baixa, e a quantidade absorvida pelo corpo pelo uso da cannabis – seja fumando, ingerindo ou bebendo a tintura – não representa ameaça de morte. Em testes realizados em animais de laboratório, os cientistas têm tido muita dificuldade em administrar uma dose de THC que seja suficientemente elevada para ser letal. Para se produzir uma overdose fatal de maconha, seria necessário fumar milhares de cigarros, os quais contêm, cada qual, em média, menos de 10 mg de THC, num curto período de tempo para se aproximar aos níveis tóxicos. De acordo com um relatório do governo do Reino Unido de 2006, a maconha é muito menos perigosa do que o tabaco, as drogas psiquiátricas e o álcool em danos sociais, danos físicos e dependência.

Já absorver fumaça obtida da queima da planta não é assim tão inofensivo. A fumaça da cannabis contém milhares de compostos químicos orgânicos e inorgânicos. O resíduo da queima desses compostos, conhecido como alcatrão, é quimicamente semelhante ao encontrado na fumaça do tabaco ou de charutos. Mais de cinquenta agentes cancerígenos conhecidos foram identificados na fumaça da maconha. Por conta dessa característica, em 2009, as autoridades de saúde da Califórnia incluíram a fumaça da maconha em uma lista de agentes cancerígenos. Um estudo da Fundação Britânica do Pulmão, publicado em 2012, também identifica a fumaça como uma substância que pode causar o câncer. Contudo, comparada ao tabaco, tem um agravante: a falta de conscientização. O nível de consciência do perigo é baixo quando comparado com o tabaco, especialmente entre os usuários mais jovens.

Há, porém, controvérsias. O professor e neuropsicofarmacólogo David Nutt, um dos maiores especialistas em drogas do Reino Unido, aponta que o estudo citado pela Fundação Britânica do Pulmão usou "metodologia incorreta". Além disso, ele observa que outros estudos não conseguiram relacionar a cannabis ao câncer de pulmão, e acusa, ainda, a fundação de causar "alarmismo sobre a cannabis".

© holbox

Outra voz ergue-se contrária à associação da cannabis ao câncer. Lester Grinspoon, professor emérito de psiquiatria da Escola de Medicina da Universidade de Harvard, afirma que nunca houve uma morte sequer associada diretamente ao consumo da maconha. Em defesa da cannabis médica, Grinspoon observou que "há muito pouca evidência de que fumar maconha representa um risco significativo para a saúde. Embora a cannabis tenha sido fumada nos países ocidentais por mais de quatro décadas, não houve casos de câncer de pulmão ou enfisema. Suspeito que passar um dia inteiro respirando em qualquer cidade com má qualidade do ar representa mais uma ameaça maior do que do fumar uma dose diária de maconha ".

QUADRO 2 – Sinais e sintomas decorrentes do consumo da maconha	
Efeitos euforizantes	
• Aumento do desejo sexual	• Hilaridade
• Sensação de lentificação do tempo	• Aumento da sociabilidade
• Aumento da autoconfiança e grandiosidade	• Sensação de relaxamento
• Risos imotivados	• Aumento da percepção das cores, sons, texturas e paladar
• Loquacidade	• Aumento da capacidade de introspecção
Efeitos físicos	
• Taquicardia	• Redução da acuidade auditiva
• Hiperemia conjuntival	• Aumento da acuidade visual
• Boca seca	• Broncodilatação
• Hipotermia	• Hipotensão ortostática
• Tontura	• Aumento de apetite
• Retardo psicomotor	• Xerostomia
• Redução da capacidade para execução de atividades motoras complexas	• Tosse
• Incoordenação motora	• Midríase
Efeitos psíquicos	
• Despersonalização	• Prejuízo à concentração
• Desrealização	• Prejuízo da memória de curto prazo
• Depressão	• Letargia
• Alucinações e ilusões	• Excitação psicomotora
• Sonolência	• Ataques de pânico
• Ansiedade	• Auto-referência e paranóia
• Irritabilidade	• Prejuízo do julgamento

Fonte: Revista da Associação Médica Brasileira, vol. 51, no. 5, São Paulo. Set./out. 2005

USO MEDICINAL

Os diversos usos e várias aplicações medicinais da cannabis hoje e ao longo da história

© withGod

A cannabis tem sido usada pelas suas propriedades terapêuticas há milênios. Enquanto, no Oriente, isso sempre tenha sido assim, no Ocidente, houve uma interrupção do uso medicinal da planta devido à proibição. Contudo, atualmente, algumas correntes têm voltado a adotar a cannabis para o tratamento de certas condições patológicas. Os canabinoides, como o THC, teriam propriedades eficazes contra o glaucoma e para alívio de náusea provocadas por quimioterapia, além de ser estimulante de apetite em pacientes portadores do vírus da AIDS. E, apesar de o uso recreacional da cannabis ser ilegal em grande parte do mundo, o emprego medicinal da planta é legal em diversos países. Canadá, Áustria, Alemanha, Holanda, Espanha, Israel, Itália, Finlândia, Portugal e alguns estados americanos vêm regulamentando o uso da droga para fins medicinais.

Há diversas formas de administrar a cannabis, bem como diferentes dosagens. Além de fumar as flores secas, pode-se tomar preparações em cápsula ou a tintura. Há também laboratórios que produzem canabinoides artificiais, como o Marinol e o Cesamet. O THC sintético, chamado de dronabinol, não é considerado narcótico e tem baixo risco de causar dependência física ou mental. O Marinol, nome pelo qual é comercializado nos Estados Unidos, foi aprovado pelo Food and Drug Administration dos EUA (a agência do Departamento de Saúde e Serviços Humanos do governo americano responsável por proteger a saúde pública, regulamentando diversos produtos alimentícios e farmacêuticos) no tratamento da anorexia e da náusea em pacientes submetidos à quimioterapia. No Canadá, o dronabinol é comercializado com os nomes de Cesamet e Sativex, um spray para aliviar a dor e espacisticidade em portadores de esclerose múltipla. A partir de 2010, o Sativex passou a ser comercializado também na Europa.

© Gil C

Símbolo do uso medicinal da cannabis.

No entanto, algumas organizações, como a American Society of Addiction Medicine (Sociedade Americana de Medicina de Adição), refuta o conceito de "cannabis medicinal", pois a planta produz muitos efeitos colaterais prejudiciais. Além disso, aspectos importantes, como a produção e o abastecimento, não estão regulados.

Há dois tipos principais de cannabis: a indica e a sativa. A sativa tende a provocar efeitos estimulantes e é muito eficiente para abrir o apetite de portadores de distúrbios alimentares. No entanto, a sativa pode induzir o paciente à ansiedade e à paranoia. Assim, pessoas com tendência a desenvolver esses quadros devem limitar ou evitar a planta.

Já a Cannabis indica é associada a efeitos sedativos e deve ser usada, ao contrário da sativa, à noite. É recomendada no tratamento da insônia. Os efeitos da indica são associados a um estado meditativo, ao contrário do mais eufórico, da sativa. Atualmente, diversas cepas de cannabis estão sendo cultivadas com finalidades médicas, algumas híbridas, que buscam combinar os benefícios das duas espécies.

USO

Apesar da o uso medicinal da cannabis ser ilegal na maioria dos países, alguns governos permitem o tratamento por meio de doses pequenas de canabinóides sintéticos. Algumas pesquisas realizadas em diversos hospitais universitários demonstraram que a cannabis ajuda no combate à dor crônica, náusea causada por quimioterapia e como estimulante de apetite para portadores de AIDS e bulimia. Outros estudos indicam que a cannabis produz efeitos antibactericidas e é um expectorante muito eficiente. Nos EUA, 16 dos 50 estados legalizaram o uso da cannabis medicinal. O National Institutes of Health, uma instalação de pesquisa mantida pelo Departamento de Saúde e Serviços Humanos dos Estados Unidos, publicou no relatório Cannabis and Cannabinoids (disponível em *www.cancer.gov/cancertopics/pdq/cam/cannabis/healthprofessional/page4*) que os cannabinóides encontrados na maconha possuem efeitos analgésicos e anti-inflamatórios, propriedades que previnem o câncer e a formação de tumores, inclusive no tratamento de câncer de mama e de pulmão.

"Ai que fome!": A cannabis é um estimulante do apetite.

© ollyy

CÂNCER

Uma pesquisa realizada pela Universidade do Sul da Flórida mostra que a substância química ativa da maconha pode ajudar a impedir que o câncer se espalhe. Os cientistas descobriram que o delta-9-tetrahidrocanibol (THC) pode bloquear a difusão do vírus da herpes. Esses vírus são relacionados ao crescimento do risco de câncer do tipo sarcoma de Kaposi, do linfoma de Burkitts e da doença de Hodgkins. Os testes foram realizados em ratos. Os pesquisadores observaram que as células infectadas pelo vírus da herpes normalmente morriam quando o vírus se tornava ativo. Mas essas mesmas células sobreviveram na presença da substância ativa da maconha, bloqueando a difusão do vírus - e a potencial difusão do câncer. Os cientistas concluíram que o THC bloqueia, especificamente, o vírus da herpes relacionado ao câncer, sem qualquer impacto no vírus da herpes simples. Eles esperam que as descobertas levem ao desenvolvimento de novas drogas que possam neutralizar a ameaça do vírus. No entanto, o chefe da pesquisa, Peter Medveczky, disse que mais pesquisas eram necessárias e enfatizou que não é recomendável que pessoas com câncer associado ao vírus da herpes comecem a fumar maconha. Segundo ele, o THC é conhecido por anular o sistema imunológico, o que pode trazer mais danos a pacientes cujo sistema já esteja enfraquecido. A pesquisa foi publicada pela revista médica BMC.

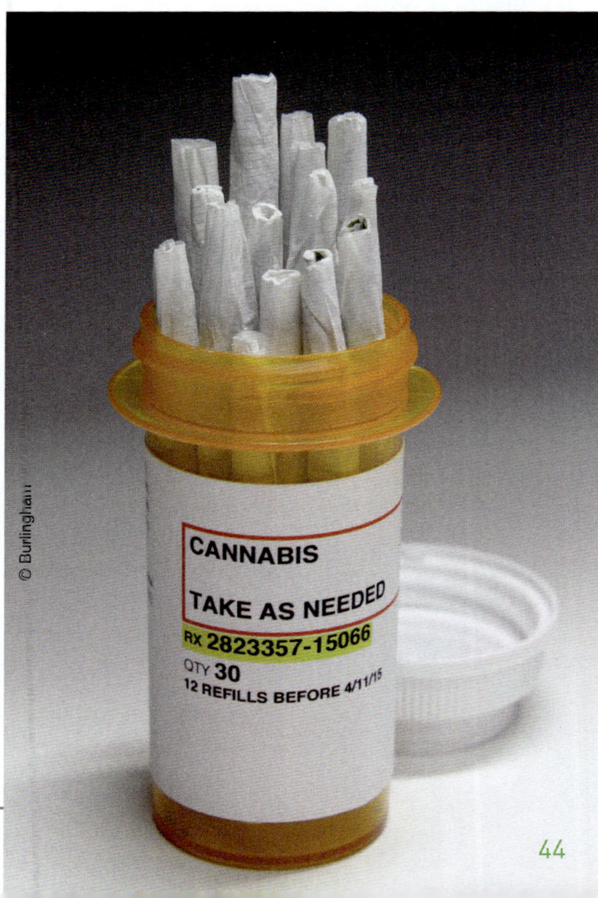

Muitos médicos apostam no uso medicinal da Cannabis.

CANNABIS E CANABINOIDES

Relatório do National Cancer Institute do National Institutes of Health (EUA)

http://www.cancer.gov/cancertopics/pdq/cam/cannabis/healthprofessional/page4)

(Trecho)

Um estudo em ratos sugere que os canabinóides podem ter um efeito protetor contra o desenvolvimento de certos tipos de tumores. Durante o estudo de 2 anos, grupos de ratos receberam várias doses de THC, por sonda. Uma diminuição na incidência de tumores hepáticos e adenoma de carcinoma hepatocelular (HCC) foi observada nos ratos. Diminuição da incidência de tumores benignos (adenomas) pólipos e em outros órgãos (glândula mamária, útero, hipófise, testículos, e pâncreas) foram também observado nos animais. Em outro estudo, o delta-9-THC, delta-8-THC e canabinol inibiram o crescimento de células de carcinoma pulmonar de Lewis, in vitro e in vivo. Além disso, outros tumores demonstraram ser sensíveis à inibição do crescimento induzida por canabinoide.

PARKINSON

A cannabis também parece ser eficiente no tratamento do Mal de Parkinson. Cientistas americanos testaram, com sucesso, um composto à base de cannabis artificial que pode ajudar no tratamento da doença, que está ligada à diminuição dos níveis de dopamina, substância produzida em uma parte do cérebro chamada de striatum. Como resultado da queda dos níveis de dopamina, menos desse químico vai para a parte do cérebro que ajuda a coordenar o movimento. Trabalhando com ratos, os cientistas descobriram que o striatum tinha dois tipos de célula, cada um formando um circuito que inicia o movimento ou reprime movimentos indesejáveis. Um dos tipos de célula tinha um modelo de receptor de dopamina que a outra não tinha. A equipe, então, analisou trabalhos anteriores a respeito de substâncias químicas naturais do cérebro semelhante às encontradas na maconha, os endocanabinoides. A descoberta foi testada em ratos que foram projetados geneticamente para apresentar os sintomas do Mal de Parkinson. Após aumentar os níveis de endocanabinoides com um coquetel que gera efeitos semelhantes aos da maconha em todo o cérebro dos ratos, a equipe descobriu que eles podiam se movimentar normalmente. Os pesquisadores afirmam, porém, que fumar maconha não teria o mesmo resultado.

© TDC Photography

Cannabis medicinal: você a usaria?

AIDS

Em 2007, pesquisadores da Universidade de Columbia publicaram dados de ensaios clínicos mostrando que os portadores de HIV que inalaram cannabis quatro vezes por dia apresentaram aumentos substanciais no apetite, sem comprometimento do desempenho cognitivo. Eles concluíram que a maconha traz um benefício claro para os soropositivos. Em outro estudo, este de 2008, pesquisadores da San Diego School of Medicine, da Universidade da Califórnia, descobriram que a cannabis reduz significativamente a dor neuropática relacionada ao HIV, desde que adicionada aos medicamentos de manejo da dor já receitados ao paciente. De acordo com os médicos, a planta pode ser uma "opção eficaz para o alívio da dor" naqueles cujo mal não é mais controlado com medicamentos convencionais. O estudo indicou também que a perturbação de humor, a incapacidade física e a qualidade de vida melhoraram significativamente. O estudo "Dronabinol and marijuana in HIV-positive marijuana smokers. Caloric intake, mood, and sleep", publicado no Journal of Acquired Immune Deficiency Syndromes da Academia Americana de Neurologia, não registrou efeitos adversos graves.

PEDIDO DE DESCULPAS

Por conta da eficácia comprovada da cannabis em certas moléstias, o Sanjay Gupta, um neurocirurgião e correspondente-chefe de medicina da CNN, publicou um texto no site da emissora, em agosto de 2013, em que ele se desculpa por sua postura contrária à cannabis, que adotara até então. Em 2009, Gupta escreveu um artigo na revista Time, intitulado "Por que sou contra a maconha", mas retratou-se no texto de 2013, afirmando: "... não posso desprezar o coro de pacientes cujos sintomas melhoraram por causa do uso da cannabis". Seu artigo na CNN é intitulado "Por que eu mudei de ideia sobre a erva" e foi escrito após um extenso período de investigação. Gupta explica que a cannabis tem "aplicações médicas legítimas" e é, por vezes, "a única coisa que funciona". Num trecho de seu pedido de desculpas, o neurocirurgião afirma: "Temos sido terrivelmente e sistematicamente enganados por quase 70 anos nos Estados Unidos, e peço desculpas pelo papel que tive nisso".

Sanjay Gupta, neurocirurgião e correspondente-chefe de medicina da CNN, que defende o uso medicinal da cannabis

© Helga Esteb

EFEITOS

Os efeitos da cannabis podem variar de pessoa para pessoa e, igualmente, por conta do modo como ela é consumida

Embora a maioria das drogas psicoativas seja estimulante, depressora ou alucinógena, a cannabis engloba, em maior ou menor grau, todas essas propriedades – apesar de que, de forma geral, o efeito da cannabis tenha mais características alucinógenas ou psicodélicas. O THC é o componente ativo principal da planta. Contudo, diversos estudos sugerem que outros canabinoides presentes na maconha, como o CBD, possam desempenhar, igualmente, um papel significativo nos efeitos psicoativos.

A cannabis tem influência tanto psicológica quanto fisiológica no corpo humano. Em grandes doses, o THC pode induzir a alucinação auditiva e visual. Seus efeitos agudos incluem euforia e ansiedade. Algumas correntes afirmam que o consumo da cannabis a longo prazo pode aumentar o risco de esquizofrenia, transtorno de despersonalização, distúrbios bipolares e depressão. No entanto, os estudos nesse sentido são inconclusivos. É notório, porém, que a cannabis tem efeito que propicia estados místicos. Por causa dessa propriedade, há milhares de anos, as pessoas usam a maconha para atingir transportes religiosos e espirituais.

© Andrei Verner

RECEPTORES

Em 1990, a descoberta dos receptores de canabinoides localizados no cérebro e no corpo humanos, além de neurotransmissores canabinoides endógenos, como a anandamida, sugeriu que o uso de cannabis afeta o cérebro da mesma maneira que substâncias cerebrais naturais.

Nosso corpo possui dois tipos de receptores de canabinoides, chamados de CB1 e de CB2. O receptor CB1 é encontrado, principalmente, no cérebro e é responsável pelos efeitos psicológicos do THC. O receptor CB2 é mais encontrado em células do sistema imunitário. Por causa disso, os canabinoides atuam como imuno moduladores nos receptores CB2, aumentando certas respostas imunológicas enquanto diminuem outras. Por exemplo, os canabinoides não psicotrópicos podem ser anti-inflamatórios muito eficientes. Os canabinoides têm propriedade, igualmente, de afetar a transmissão da dor e, mais especificamente, interagir com o sistema opioide endógeno do cérebro, e podem afetar a transmissão de dopamina. Por conta disso, muitos pesquisadores estão apostando na cannabis para o tratamento da dor.

Os efeitos psicoativos da maconha, aquilo que os usuários chamam de "barato", são subjetivos, podendo variar de pessoa para pessoa e o modo de uso. Quando fumada, os efeitos de curto prazo manifestam-se em segundos e ficam totalmente aparentes em poucos minutos, durando, normalmente, entre uma e três horas. A duração dos efeitos tende a diminuir nos usuários que já desenvolveram tolerância aos canabinoides.

A MECÂNICA DO "BARATO"

Quando o THC entra na corrente sanguínea e atinge o cérebro, liga-se aos receptores de canabinoides. O ligante endógeno desses receptores é a anandamida, cujos efeitos o THC imita. Isso se chama agonismo, isto é, quando uma substância química interage com um receptor, ativando-o e desencadeando uma resposta que pode ser aumento ou diminuição de uma manifestação particular da atividade das células às quais os receptores estão associados. O agonismo dos receptores de canabinoides resulta em mudanças nos níveis de vários neurotransmissores, principalmente da dopamina e da norepinefrina – neurotransmissores que estão intimamente associados aos efeitos agudos da ingestão da cannabis, como euforia e ansiedade. Alguns efeitos podem incluir uma alteração geral da percepção consciente, euforia, sensação de bem-estar, relaxamento ou redução de estresse, o aumento da valorização do humor, música (especialmente discernir seus diversos instrumentos) ou das artes, jovialidade, metacognição e introspecção, maior lembrança (memória episódica), aumento de desejo sexual, aumento da consciência da sensação, aumento da libido e criatividade. O pensamento abstrato ou filosófico, a interrupção da memória linear e paranoia ou ansiedade também são efeitos típicos.

© ChameleonsEye

Homem fuma maconha medicinal em Israel, onde o uso médico é permitido

A cannabis produz diversos efeitos subjetivos, como uma maior fruição do sabor dos alimentos e do aroma, achar graça exagerada em determinadas situações (ataques de riso) e distorções acentuadas na percepção do tempo e do espaço. De fato, muitos usuários relatam que, muitas vezes, há uma impressão subjetiva de ter decorrido muito tempo, quando, na verdade, passaram-se apenas poucos minutos. Doses mais elevadas de THC podem provocar ilusões auditivas e, por vezes, visuais. Em alguns casos, a maconha pode levar a estados dissociativos, como a despersonalização e a desrealização. Esses efeitos são considerados, na maioria das vezes, desejáveis, mas têm o potencial de induzir ansiedade e ataques de pânico. De fato, a ansiedade é o efeito colateral mais comumente associado ao consumo de maconha. Entre 20 e 30 por cento dos usuários que usam a planta de forma recreativa experimentam intensa ansiedade e, mais raramente, ataques de pânico.

EFEITOS FISIOLÓGICOS

Além de alterações psicológicas, a cannabis também causa alterações no corpo. Entre alguns dos efeitos físicos de curto prazo ao se consumir a droga, estão o aumento da frequência cardíaca, boca seca, olhos vermelhos, por conta da congestão dos vasos sanguíneos da conjuntiva, a redução da pressão intra ocular, relaxamento muscular e uma sensação de mãos e pés frios ou quentes. Eletroencefalogramas realizados em pessoas logo depois de fumar maconha revelaram frequência de ondas alfa um pouco menor do que o normal. Além disso, os canabinoides produzem uma depressão acentuada da atividade motora.

Um estudo realizado com dez voluntários saudáveis do sexo masculino, moradores de um centro residencial de uma instalação de pesquisa, examinou os efeitos subjetivos, agudos, residuais, fisiológicos e de desempenho ao fumar maconha. Em três dias diferentes, os participantes fumaram um cigarro de maconha com teores de THC que variavam entre 0%, 1,8% e 3,6%. Foram documentados o estado subjetivo e fisiológico e o desempenho dos voluntários antes de fumar e depois de absorver THC foi registrado o estado dos participantes mais cinco vezes no mesmo dia e três vezes na manhã seguinte. Os voluntários mostraram fortes efeitos subjetivos, depois de consumir um dos dois tipos de maconha mais forte (1,8 e 3,6% de THC), mas voltavam aos níveis iniciais em cerca de 3,5 horas. O aumento da frequência cardíaca e

Olhos vermelhos: um dos sintomas mais característicos do consumo da cannabis deve-se à congestão dos vasos sanguíneos da conjuntiva

do reflexo pupilar à luz diminuiu, retornando aos níveis iniciais no mesmo período de tempo.

EFEITOS NEUROLÓGICOS

As áreas do cérebro em que os receptores canabinoides são muito abundantes são os gânglios basais (associados com o controle do movimento), o cerebelo (associado à coordenação do movimento do corpo), o hipocampo (associado à aprendizagem, à memória e ao controle do estresse), o córtex cerebral (associado a funções cognitivas superiores) e o núcleo accumbens (estrutura cerebral ligada à sensação de prazer). Outras regiões em que os receptores de canabinoides são moderadamente concentrados são o hipotálamo (que regula as funções homeostáticas), a amígdala (associada às respostas emocionais e aos medos), a medula espinhal (associada a sensações periféricas, como a dor), o tronco cerebral (associado ao sono) e o núcleo do trato solitário (associado a sensações

© Andrei Verner

Consumo da cannabis pode induzir o medo.

viscerais, como náuseas e vômitos).

O controle motor e a memória são áreas muito afetadas pela maconha. Os canabinoides, dependendo da dose, inibem a transmissão de sinais neurais por meio dos gânglios basais e do cerebelo. Em doses baixas, essas substâncias parecem estimular a locomoção, enquanto que, em doses maiores, tendem a inibi-la. Isso pode ser percebido na falta de firmeza, na oscilação do corpo e na mão trêmula que, por vezes, uma pessoa sob efeito apresenta. Por causa disso, é muito difícil realizar tarefas motoras que exigem atenção. Outras áreas do cérebro, como o córtex, o cerebelo e a via neural do córtex estriado, também envolvidos no controle do movimento, possuem receptores de canabinoides e são, portanto, mais afetadas por essas substâncias.

MEMÓRIA

Os efeitos da canabis sobre a memória são notórios. Testes em animais e tecidos humanos demonstraram uma interrupção na formação da memória de curta duração. Os canabinoides inibem a liberação de vários neurotransmissores no hipocampo, o que resulta em grande diminuição da atividade neuronal naquela região. Alguns pesquisadores, como J. E. Joy, em seu livro *Marijuana and Medicine – Assensing the Science Base* (Marijuana e Medicina – Pesquisando a Base Científica), afirmam que essa diminuição da atividade se assemelha a uma lesão temporária no hipocampo – considerado o centro da memória.

CORAÇÃO

A cannabis também altera o ritmo cardíaco. Os efeitos de curto prazo dos canabinoides sobre o sistema cardiovascular são, em geral, aumento da frequência cardíaca, dilatação dos vasos sanguíneos e flutuações na pressão arterial.

Um estudo feito em 2008 pelo Centro de Pesquisa Biomédica do Instituto Nacional de Saúde, em Baltimore, EUA, descobriu que o consumo crônico da maconha (138 cigarros por semana) altera proteínas do sangue associadas a doenças cardíacas e ao acidente vascular cerebral. Isso se deve ao aumento dos níveis de carboxihemoglobina, um efeito provocado pelo monóxido de carbono contido na fumaça. Um aumento semelhante dos níveis de carboxihemoglobina, com potencial de provocar doença cardíaca e acidente vascular cerebral, é observado em fumantes de tabaco.

Um estudo realizado em 2000 por pesquisadores do Centro Médico Beth Israel Deaconess, em Boston, do Massachusetts General Hospital e da Harvard School of Public Health descobriram que o risco de ataque cardíaco em uma pessoa de meia-idade aumenta quase cinco vezes na primeira hora após fumar maconha – aproximadamente o mesmo risco que correria se tivesse atividade sexual pelo mesmo período.

DROGAS E VIOLÊNCIA

O consumo de substâncias ilegais leva, necessariamente, à violência, colocando as autoridades em xeque sobre como reverter esse mecanismo

Numa época em que o país parece regredir a uma situação caótica anterior ao Estado Nacional, quando o governo não atuava como protetor e responsável pelos seus cidadãos, fica patente a relação entre o tráfico de drogas e a violência. Embora as drogas venham acompanhando a humanidade há milênios, antes, seu consumo era restrito a pequenos grupos e a atividades religiosas específicas. Hoje, porém, o uso de drogas pesadas tornou-se difundido o bastante a ponto de estar disponível em todas as classes sociais, movimentando bilhões de narcodólares. Essa situação coloca um problema grave, ainda longe de ser resolvido: como lidar com a violência associada ao uso e à venda das drogas, uma situação tão característica no mundo a partir do último quarto do século XX.

Muitos afirmam que a atual política de drogas tem contribuído com o aumento da incidência de violência letal contra jovens nas áreas urbanas e rurais, e também com a ampliação dos circuitos de distribuição e o aumento das áreas de cultivo da maconha. A guerra urbana no Rio de Janeiro é claramente uma consequência da questão mais ampla do tráfico de drogas e do crime organizado. Enquanto, na França, a taxa de homicídios é de 2,4 por 100 mil habitantes, no Brasil, ela é quase dez vezes maior, atingindo 23,5. Nos EUA, a mais violenta entre as nações industrializadas, o número é de 6,6.

A questão sobre o controle das drogas é cada vez mais importante para definir políticas de segurança e de saúde pública com relação a esse problema. Uma das soluções mais radicais veio do governador do Rio de Janeiro, Sérgio Cabral Filho, que se pronunciou em favor de uma política de descriminalização das drogas. Cabral Filho (PMDB) defendeu uma ampla discussão no país sobre a legalização do uso e até mesmo a comercialização das drogas hoje consideradas ilícitas. O governador questiona até que ponto a proibição das drogas não tem levado muito mais gente à morte do que se houvesse uma discussão pela sua legalização com a presença da Organização Mundial de Saúde (OMS), da Organização das Nações Unidas (ONU) e de fóruns internacionais para debater esse tema de maneira produtiva. Cabral Filho ressaltou, ainda, que, por conta da proibição das drogas, o tráfico de armas é mais intenso em países subdesenvolvidos, como os africanos, asiáticos e latino-americanos. "Eu não quero ser hipócrita, há uma demanda por drogas no Brasil, nos Estados Unidos, na França e na Inglaterra, e essa demanda tem levado à morte milhares de pessoas no país", afirmou. E acrescentou que é essa demanda por drogas que estimula a disputa por pontos de venda e tem contribuído para o aumento do contrabando de armas e, por consequência, um crescente número de pessoas assassinadas.

No entanto, como notou o deputado Fernando Gabeira, é evidente que uma política de descriminalização, desconectada de outro conjunto de políticas públicas, será bem ineficaz para a superação da violência. Num artigo publicado na Folha de São Paulo em 3 de março de 2007, Gabeira adverte que há diversas premissas a serem cumpridas no país. "Uma delas é uma polícia mais ética e competente", escreveu. "Enquanto não se fizer uma reforma profunda nos organismos policiais, a mudança pode contribuir com a violência". A legalização, segundo o deputado, seria "não como uma renúncia ao controle, mas um salto de qualidade no próprio controle". As implicações da legalização das drogas no Brasil provocariam não uma diminuição da violência, mas uma migração dos criminosos para outros tipos de crime, como sequestros e

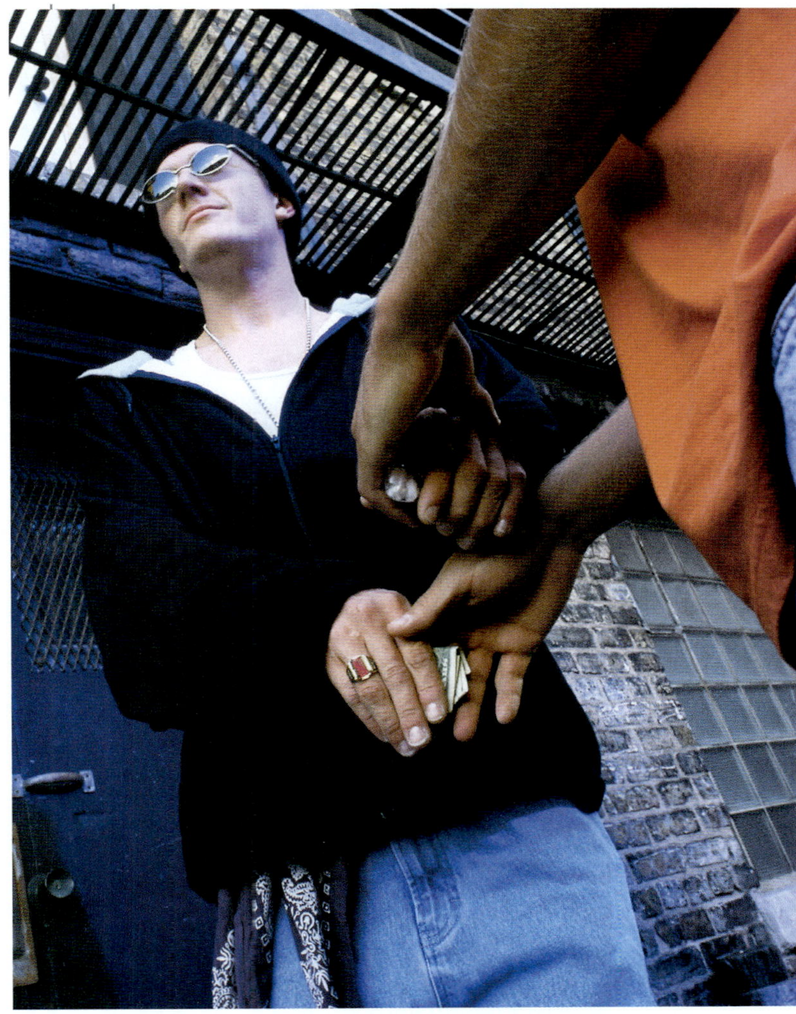

Outro problema sério que viria da liberação das drogas seria o aumento nas incidências violentas por conta do uso de substâncias alucinógenas. O exemplo do álcool, uma droga lícita, é bem ilustrativo. De acordo com várias pesquisas realizadas nos anos 90 e que foram citadas na 1ª Conferência Internacional de Álcool e Redução de Danos, 39% das pessoas envolvidas em ocorrências policiais beberam em excesso; 20% a 25% dos acidentados no trabalho consumiram álcool; 61% dos acidentes de carro foram provocados pela bebida; 75% das vítimas fatais de acidentes de carro tinham bebido.

Uma voz que se ergue contra a legalização das drogas é a de Giovani Quaglia, representante do Cone Sul e Brasil do Escritório das Nações Unidas contra Drogas e o Crime (UNODC, na sigla em inglês). Quaglia manifesta-se contrariamente à legalização como forma de controlar a violência, estratégia que considera simplista. “Quando falamos em política de drogas, não estamos falando de soluções perfeitas”, avisa. “Nossos 50 anos de experiência internacional mostram que é melhor controlar as drogas”. De acordo com Quaglia, mesmo que a legalização contribua para a redução nos índices de criminalidade, traria consequências drásticas para a saúde pública.

CÍRCULO VICIOSO

Em diversos países do Terceiro Mundo ou em regiões carentes, as áreas destinadas às culturas ilícitas como maconha, ópio e coca, estão em constante expansão. A maior parte desses países tem uma grande população rural, constituída, principalmente, por agricultores. Todos esses camponeses têm cada vez menos condições de enfrentar a globalização da economia e a modernização capitalista, em que são obrigados a concorrer com os camponeses ocidentais, cuja produtividade é bem maior do que a sua, e que são amparados por polpudos subsídios. Os agricultores pobres veem-se, portanto, sem opção a não ser produzir culturas ilícitas. A solução preconizada por alguns seria aumentar a diversificação agrícola e reabilitar a cultura de alimentos, garantindo uma relativa proteção do mercado interno em relação à exploração agrícola dos países industrializados. Entretanto, na prática, isso é impossível: os planos de ajustamento estrutural impostos pelo FMI e pelo Banco Mundial para o pagamento da dívida externa opõem-se a qualquer protecionismo. “Resolver o problema da droga e dos narcodólares, sem procurar ao mesmo tempo uma solução equilibrada e justa para o problema da dívida dos países do Terceiro Mundo, parece consequentemente uma solução pouco realista”, afirma um analista francês. Para acabar com o problema das drogas, não deveríamos combatê-las, mas declarar guerra “contra a miséria e a fome”, opina o pastor Claude Olievenstein. O pesadelo das drogas teria sua origem, segundo o pastor, no “comércio internacional injusto”.

ENTREVISTA

O debate sobre drogas e violência tem crescido na mesma proporção que crescem os crimes associados ao tráfico de drogas. Segundo alguns, a legalização seria a solução. Para outros, porém, essa seria uma proposta simplista que não resolveria o problema da criminalidade e que ainda acarretaria tremendos prejuízos sociais por conta do aumento do número de dependentes, resultante da disponibilidade livre das drogas. Em agosto de 2006, entrou em vigor a nova legislação sobre entorpecentes, considerando, em tese, os problemas contemporâneos envolvidos na questão das drogas. Conversamos sobre a equação drogas versus violência e a nova legislação com o desembargador José Damião Pinheiro Machado Cogan, professor do curso de pós-graduação da Faculdade de Direito da PUC-SP.

Conhecer Fantástico: O problema das drogas não poderia ser de saúde pública, administrado pelo Ministério da Saúde, afinal, na visão dos psiquiatras, o psicodependente sofre de uma doença crônica? Por que o problema é

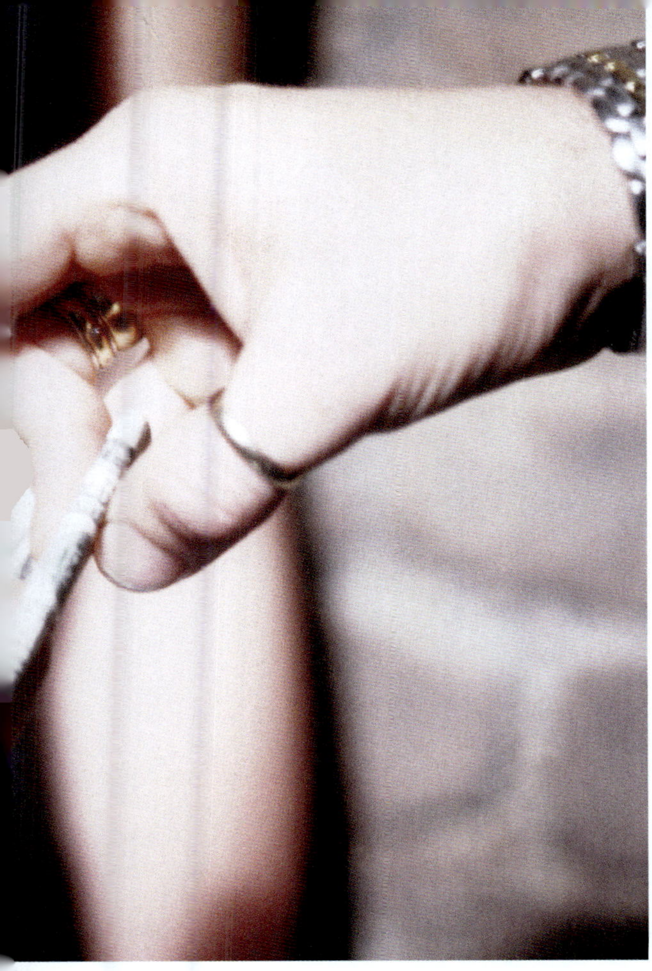

administrado pelo Poder Judiciário?

José Damião: A preocupação da polícia e da justiça é a disseminação da droga. Tanto que, pela lei anterior de tóxicos, a 6368/76, a ideia era punir o usuário pela potencialidade de entrega da droga. Se ele tivesse feito uso pretérito da droga, não haveria crime, porque ele não entregaria a terceiros. A ideia de a droga ser um problema de saúde pública foi adotada pela atual legislação. Na verdade, esse problema sempre foi de saúde pública. O tratamento ao usuário sempre considerou essa questão. Ele sempre teve um tratamento mais benevolente, exceto que, na lei anterior, ele podia ser preso. Na Bahia, houve uma experiência muito positiva nesse sentido, com cortes especiais para drogas, em que se otimizava justamente o aspecto da saúde pública e a recomendação de tratamento para que o usuário deixasse a droga. Ninguém que trabalha na justiça ignora que o problema do usuário vem de frustrações, descompassos com a vida familiar – às vezes são pessoas que não atingiram seus objetivos – ou que alguma depressão o levou ao vício. O usuário precisa mais de tratamento psicológico do que qualquer outra coisa. Sabe-se que a cadeia não é eficaz. Ela precisa sobrar, porém quando há uma recalcitrância muito grande. O problema é que não há lugares para se recuperar o viciado. O Estado não investe nisso, o que gera um problema muito grande para administrar essa questão.

CF: O que mudou no tratamento ao usuário com a nova legislação, em vigor a partir de agosto de 2006?

JD: A nova lei mudou o conceito com relação ao usuário. Não há mais pena corporal para ele. Foram colocadas três penas: a pena de admoestação verbal sobre os efeitos da droga; uma segunda pena, que seria prestação de serviços à comunidade por cinco meses; e a terceira pena, que é a obrigação de frequência a cursos educativos por cinco meses. Ele não fica mais preso, e a internação compulsória é muito difícil. Evidentemente, o juiz pode determinar o tratamento, mas, como isso deve ser feito em hospitais do Estado, que são muito deficitários, isso se torna quase inviável. Outra coisa prevista na nova legislação é aumentar a multa para o usuário – o que não resolve o problema, pois não o obriga ao tratamento.

CF: Como a nova legislação diferencia o usuário do traficante?

JD: O critério é mais ou menos o mesmo que se tinha anteriormente, isto é, pela quantidade e pela situação em que ele é encontrado com a droga. É bom ressaltar que só a quantidade não quer dizer que ele seja traficante. O cigarro de maconha, por exemplo, é feito com, aproximadamente, um grama da droga. Assim, 100 gramas de maconha, por exemplo, não é uma quantidade excepcional. Muitos usuários acabam comprando uma quantidade maior para não se expor aos traficantes ou a uma nova visita às favelas. Evidentemente, quando é uma quantidade grande, meio quilo, um quilo, não se trata de usuário. Ele não vai guardar isso por tanto tempo, porque a droga se decompõe, perde seu princípio ativo. Na lei nova, a coautoria do uso, isto é, o usuário que compra e distribui a droga entre amigos sem com isso ter lucro, que era antes caracterizada como tráfico, ameniza essa situação. O usuário pode ser detido, mas não é mais caracterizado como traficante. Outra coisa que a legislação nova prevê para o usuário é o cultivo. Pela legislação anterior, o cultivo caracterizava tráfico. Na nova lei, desde que a quantidade plantada seja pequena o bastante a ponto de indicar consumo próprio, isso não caracterizaria tráfico.

CF: Quais são, a seu ver, os problemas da nova legislação?

JD: Primeiro, ela manda que o usuário faça tratamentos, mas não destinou recursos para isso. Se o SUS não atende às necessidades da população, imagine, então, no caso do usuário. Além disso, coloca prazos de prisão muito grandes. Na lei anterior, por exemplo, quando o inquérito estava pronto, o delegado deveria fazer em cinco dias, e o promotor, denunciar em três. Por essa lei, o delegado tem trinta dias. Também penso que o abrandamento da lei para o usuário foi negativo porque, em certos casos, não se pode conscientizá-lo de buscar um tratamento, a não ser por medida compulsória. A prisão podia induzi-lo a se tratar.

CF: Quais são os aspectos positivos da nova lei de tóxicos?

JD: O que se sobressa na nova legislação de tóxicos é o usuário não ficar sujeito à pena corporal e determinar que ele frequente cursos. Apesar disso, a lei está muito fraca com relação ao recalcitrante. Outra coisa importante na nova lei foi a criação da figura do financiador do crime, prevendo a ele pena de oito a vinte anos de prisão.

CF: A legislação anterior tratava o tráfico como crime hediondo. Isso permanece?

JD: Sim. A lei 8072/90 elenca quais são os crimes considerados hediondos e a Constituição fala nos crimes a eles equiparados. O tráfico é equiparado a hediondo, isto é, ele não é hediondo, mas é a ele equiparado, assim como o terrorismo e a tortura. A lei 8072/90 negava pagamento de fiança e liberdade provisória. A modificação recente acabou com o regime integral fechado. Mesmo assim, ele tinha de cumprir dois terços da pena. Hoje, o traficante pode cumprir dois quintos e passar para o regime semiaberto, ou três quintos, se for reincidente. A meu ver, isso é um retrocesso.

CF: O governador Sergio Cabral Filho, do Rio de Janeiro, defendeu a liberação das drogas como solução dos problemas causados pelo tráfico. O senhor acha que essa alternativa é viável? Por quê?

JD: Acho que ele devia legalizar na casa dele! Primeiro, porque é uma matéria federal. Essa matéria já foi mais do que discutida em diversos países e concluiu-se que essa não é a solução. Os países que legalizaram acabam tendo uma juventude não sadia, pois tem mais facilidade de acesso à droga. A legalização não vai trazer benefício para ninguém. Nossa juventude ficaria desamparada. Essa é a pior solução que ele poderia propor, quer na instância de saúde pública, quer na de justiça. Legalizar drogas não solucionaria o problema da violência, resultante do tráfico, porque os traficantes migrariam para outras atividades criminosas, como o sequestro.

CF: Qual a saída para o problema da violência ocasionada pelo tráfico, a curto, médio e longo prazos?

JD: O problema do tráfico é internacional. É uma situação muito difícil de ser debelada. O maior problema é a omissão do Estado. O problema nas favelas do Rio ou de São Paulo é que as suas populações temem o traficante. Mas, ao mesmo tempo em que o traficante impõe um regime de força, disposto a eliminar quem quer que se oponha à sua atividade, ele faz o papel que o Estado não faz por essa população carente. Ele paga médico, dá cesta básica e outras coisas e acaba conquistando a simpatia dos moradores da favela em que atua. A solução para a violência do tráfico seria a presença do Estado nos lugares em que o crime organizado domina. Educação também é primordial. Deve-se mostrar por campanhas os problemas do envolvimento com o tráfico. A intervenção do Estado é fundamental. Até hoje, não entendo por que a Polícia Federal não sobe os morros do Rio, não vai buscar as armas que tanto quis controlar. Dessa forma, o Estado apresenta-se absolutamente impotente com relação à violência.

CF: Recentemente a maconha foi reclassificada como droga menor, na Inglaterra. Quais seriam as implicações se algo semelhante acontecesse aqui?

JD: Aqui não existe esse tipo de classificação. Há apenas uma portaria do Ministério da Saúde, se não me engano, em que as drogas proibidas são classificadas. No caso da maconha, há estudos que indicam aspectos benéficos da droga. Já vi vários processos que afirmam que ela estava sendo usada medicinalmente, principalmente para abrir o apetite de pacientes com AIDS. É claro que, se fosse o caso do uso medicinal, isso deveria ser indicado por um especialista idôneo e no caso de não haver outra via de tratamento. Os estudos existentes, porém, não são satisfatórios.

CF: A maconha deve ser liberada?

JD: Acho que a maconha é como qualquer outra droga. Está provado que causa males. Isso já é motivo bastante para se proibir. Até mesmo o uso medicinal, como disse, deve ser empregado como última alternativa. Apesar de haver estudos sérios indicando a maconha medicinalmente, eu questiono se não se deve buscar outras alternativas. Isso cria um precedente perigoso.

CF: Como porta de entrada para outras drogas?

JD: Sim. Principalmente isso.

CF: Qual é o peso do usuário no problema da violência ocasionada pelo tráfico?

JD: O usuário é que movimenta tudo. Se não tivesse o dinheiro por trás, não teríamos o traficante de terno, gravata e escritório na Av. Paulista (um dos centros financeiros de São Paulo) financiando a compra de sete, oito milhões de reais em drogas. O usuário, infelizmente, é a mola-mestra. Outro fator é o número de crimes provocados por usuários sob efeito de drogas. Praticantes de muitos roubos, latrocínios, etc. usam drogas antes de cometer seus crimes, para dar-lhes coragem ou diminuir a inibição. Mesmo que não esteja intencionado, o usuário é uma ameaça em potencial. É o caso do rapaz que esfaqueou a avó depois de passar a noite cheirando cocaína... Entregou o carro para os traficantes. Não espere esse comportamento da pessoa em seu estado normal, mas por influência da droga, isso pode acontecer.

O USUÁRIO

O consumidor da cannabis é diferente de outros adictos. Há, inclusive, os que se intitulam “usuários integrados.” Sua atitude, porém, fomenta o tráfico

A imagem do usuário de maconha sempre esteve, ao longo da História brasileira, associada à marginalidade, à delinquência ou, ainda, a algum distúrbio psiquiátrico. No entanto, estudos antropológicos identificam que, hoje, há uma ampla aceitação do uso da droga em diversos setores das classes média e alta. São os chamados usuários socialmente integrados. Ao contrário de usuários de drogas como álcool, cocaína e crack, os consumidores de maconha parecem ter um controle maior sobre seu uso e não tendem a tornar-se párias sociais. De acordo com estudos, seu número é significativo a ponto de constituir uma subcultura urbana.

A pesquisa "A Subcultura da Maconha, Seus Valores e Rituais Entre Setores Socialmente Integrados", de Edward MacRae, doutor em Antropologia Social, professor adjunto da FFCH/UFBa, pesquisador associado do CETAD/UFBA, e de Júlio Assis Simões, doutor em Antropologia da Unicamp, professor da USP e pesquisador do Departamento de Patrimônio Histórico da Prefeitura de São Paulo, foi produzida com a intenção de definir esse tipo de usuário. O estudo foi realizado em 2000, a partir de entrevistas em profundidade realizadas em duas grandes capitais brasileiras – São Paulo e Salvador –, com membros de círculos de usuários de maconha socialmente integrados, pertencentes à classe média e inseridos no mercado de trabalho ou no sistema educacional. Nela, seus autores delineiam uma verdadeira subcultura da maconha, capaz de exercer uma influência marcante sobre os efeitos psicológicos e sociais decorrentes do seu uso.

© Diego Cervo

A pesquisa revela que a maioria dos entrevistados foi introduzida ao uso da cannabis por amigos próximos ou parentes. Na verdade, acaba se estabelecendo uma espécie de confraria entre essas pessoas. A maconha serve como referência cultural entre eles. A "rede de sociabilidade", como chamam os antropólogos, é importante para se conseguir a droga. Normalmente, os membros do grupo dividem uma quantidade de cannabis entre si. A grande vantagem desse sistema é que ele garante uma certa segurança aos usuários, uma vez que não precisam se relacionar com grandes traficantes.

Os usuários socialmente integrados julgam que as campanhas oficiais de prevenção se baseiam em informações distorcidas. Outra característica comum é a percepção da necessidade de selecionar as circunstâncias e a ocasião para usar a maconha. A situação de trabalho é frequentemente eliminada, seja em virtude da possibilidade da descoberta pelo chefe ou colegas, seja pela queda de rendimento. Eles reservam o uso da maconha para horas de lazer. Isso, porém, não é regra geral absoluta: há situações em que muitos dos usuários entrevistados acreditam poder compatibilizar o uso da maconha e o desempenho no trabalho.

A tendência predominante entre os participantes do estudo de MacRae e Simões era, de início, utilizar a maconha somente em ocasiões especiais e quase sempre em grupo. No entanto, na medida em que os usuários se familiarizaram com cada aspecto do uso da droga, a "roda de fumo" foi perdendo sua coesão. Os usuários passam então, a usar a maconha em circunstâncias mais prosaicas e de modo menos solene: durante festas, antes de ir ao cinema, ouvir música e ver televisão. A cannabis passa a contribuir como um complemento de reuniões sociais, e, definitivamente, deixa de ser o objetivo dessa ocasião. Além disso, usa-se a maconha solitariamente com muito mais frequência. Assim, os pesquisadores concluíram que, ao contrário de outras drogas, a maconha não é "o centro exclusivo das atenções dos indivíduos nem o objetivo máximo de suas reuniões sociais ou interações".

Os usuários entrevistados também mostraram disposição para experimentar outras drogas (não injetadas). A maioria, porém, continuou a manifestar predileção pela maconha. Apesar do crescimento recente do uso da cocaína, eles refutam a hipótese da escalada, apontando para o fato de que não é questão de uma droga ser "mais forte" do que outra, e, sim, da grande diferença entre os efeitos associados a cada uma delas. Isso depende daquilo que os psiquiatras chamam de "droga de eleição". Se a droga de eleição de alguém for o álcool, por exemplo, outras drogas apenas provocarão uma maior disposição de consumir o álcool. Se, por outro lado, a droga de eleição for a maconha, o uso de outra substância provocará no usuário a necessidade de usar a cannabis, e assim por diante. A escalada das drogas irá depender, portanto, daquela eleita pelo usuário como a sua preferida, seja por motivos genéticos, psíquicos, químicos ou sociais.

OS PASSOS DO USUÁRIO DE MACONHA

No final da década de 1960, alguns cientistas preocuparam-se em explicar como alguém se torna e permanece consumidor regular da maconha. Segundo esses pesquisadores. os seguintes estágios poderiam ser identificados:

1) aprende a inalar da maneira correta, isto é, de forma que a substância seja plenamente absorvida;

2) aprende a reconhecer os efeitos (que não seriam lá muito evidentes nas primeiras vezes);

3) passa a considerar os efeitos uma coisa prazerosa;

4) aprende a enfrentar as formas de controle social que desaprovam esse hábito, por meio do desenvolvimento de estratégias de obtenção da maconha, de garantir segredo em face de não consumidores e de justificar, a si mesmo, o seu comportamento diante da condenação moral.

ENTREVISTA

O usuário de maconha tende a ser discreto. Às vezes, é a pessoa menos suspeita. Mas eles estão em todos os lugares, pois são mais socialmente ajustados do que os usuários contumazes do álcool – uma droga lícita. Uma pesquisa feita recentemente no Parlamento Italiano, em que foram retiradas amostras de suor de deputados sem que eles soubessem a finalidade do ato, indicou que 16 dos 50 deputados "testados" tinham fumado maconha ou usado cocaína nas 36 horas anteriores à coleta. Quem são, afinal, os usuários de maconha e o que pensam com relação à sua participação nos problemas ocasionados pelas drogas? MT, 45, gerente de marketing de uma grande empresa multinacional e pai de dois adolescentes, diz fumar há quase trinta anos. PA, 37, engenheiro agrônomo, casado, sem filhos, usa a maconha há vinte anos. Ambos preferiram não se identificar, pois temem o forte preconceito que ainda existe em relação aos usuários. "Temo perder o emprego", admitiu MT. Na entrevista a seguir, eles explicam seus pontos de vista:

Conhecer Fantástico: Muitos psiquiatras afirmam que as pessoas usam a maconha como uma forma de escapismo, a busca de um "princípio nirvânico". Por que você a usa?

MT: No início, era uma busca de auto conhecimento. Os sentimentos são aguçados e, com certeza, há diversão e muita risada por pouco motivo. Outro forte motivo era a vontade de contestar contra um mundo careta. Depois, quando se torna rotineiro, tem o objetivo de relaxamento. Acho que existe uma dose de escapismo, como, por exemplo, em situações em que você possa estar estressado e queira se sentir mais relaxado, mesmo que por meios não naturais, em um sentimento contrário ao seu original. Mas acho que quase toda a humanidade sente necessidade desse 'escapismo', quer tomando cervejas em um bar, ficando alegre por um meio não natural ou, ainda, utilizando anti depressivos ou remédios para dormir.

Não é nada que fará você esquecer de sua realidade.

PA: Uso para relaxar. O princípio nirvânico, para mim, está mais no contato com a natureza.

CF: Qual foi a primeira droga que você experimentou?

MT: Se não me engano, foi cheirar benzina, coisa de moleque. Não me recordo ao certo a idade que tinha quando fumei baseado pela primeira vez. Quem arrumou foi um amigo. Na primeira vez, não fez muito efeito, mas, na seguinte, tive alucinações visuais, foi divertido. Essa sensação somente acontece nas primeiras vezes, depois, é somente relaxamento.

PA: Foi a maconha.

CF: Você já experimentou outras drogas? Por que continuou na maconha?

MT: Das drogas mais antigas, já experimentei quase todas: cocaína, LSD, chá de cogumelo, medicamentos com álcool etc. LSD usei poucas vezes, acho uma droga muito forte, provoca fortes alucinações. Às vezes, o barato volta mais fraco, dias depois. Acho que, se usada com frequência, pode transtornar de forma definitiva uma pessoa. Chá de cogumelo é similar. Não são boas coisas. Cocaína é a droga do tesão, da autoconfiança, de conversas intermináveis. Quando se está bêbado e se cheira uma carreira, parece que tudo fica normal. Esse, talvez, seja o lado bom, que atrai tantas pessoas. Mas a considero uma droga terrível, você fica tenso, a fissura (desejo incontrolável de consumir a droga) é muito grande, por consequência, o grau de viciabilidade é muito grande. Além disso, existe um risco de overdose, derrame e infarto em função de seu consumo. Não experimentei as drogas modernas, como ecstasy e crack, e não sinto vontade. Com relação ao crack, acho que ele é a raspa da panela do diabo. É um derivado da cocaína, dizem que poder viciar em menos de dez consumos. Conheço uma pessoa viciada em crack e é terrível. Sua vida resume-se em buscar a droga, sem se importar com os meios. O álcool é agradável, se não utilizado em excesso. É a droga mais popular, acredito, todos nós conhecemos os efeitos. Por que continuei fumando um baseado? Porque é ótimo para relaxar, cai muito bem com um filme e melhor ainda com um show. Maconha aumenta a percepção auditiva.

PA: Já experimentei, mas gosto do maconha, pois, além de relaxar, nunca me atrapalhou em qualquer outra atividade.

CF: Mesmo considerada por muitos usuários uma droga menor, você acha que a maconha é perigosa no sentido de ser a porta que leva a outras drogas?

MT: Não acho que tenha relação, quem afirma isso ou desconhece ou é tendencioso. Um exemplo vivo sou eu, que fumo há mais de trinta anos, experimentei outras drogas por curiosidade, mas fiquei com a de que gosto. Muitas pessoas que cheiram que eu conheço não gostam ou gostam pouco da maconha. No fundo, sempre quiseram usar cocaína, vão experimentando de tudo até encontrar o que procuram. Não acho que a maconha encoraje alguém a usar outra droga, usamos outras drogas simplesmente por vontade de experimentá-la e ficamos com a que nos identificamos mais, do álcool ao crack. Seguindo pelo raciocínio da porta (para outras drogas), poderia dizer que o cigarro (tabaco) é uma porta para outras drogas, pois a maioria (dos usuários) começou fumando.

PA: Isso depende de cada um. Se o cara tiver tendências a ser um Keith Moon (baterista do grupo inglês The Who, que morreu overdose na década de 1970) da vida, ele vai acabar virando alcoólatra mesmo que, no começo, só beba groselha.

CF: Você se sente incomodado quando fica sem maconha? Qual é a sua reação?

MT: Não fumo todos os dias, somente de sexta e sábado – religiosamente. Nos dias que não fumo, não sinto nenhum tipo de síndrome de abstinência. Sempre tenho para o final de semana. Outra dia, quase fiquei sem. Fiquei preocupado. Não vou deixar faltar, mas, se um dia acontecer, tenho certeza de que sobreviverei.

PA: Se não tiver, sinceramente, não morrerei por isso.

CF: Você acha que a maconha faz mal à saúde? Que sequelas ela traria?

MT: Acho que algum mal ela faz, afinal, estamos jogando fumaça para dentro do corpo. Não

concordo com a teoria de que, por ser algo natural, uma planta seja inofensiva à saúde. Talvez existam substâncias cancerígenas; talvez haja um pouco de perda de memória. Mas também acho que o mundo é repleto de coisas que prejudicam a saúde da mesma forma. Será que fumar vinte cigarros (um maço) por dia é melhor do que um baseado? Será que comer em excesso não prejudica a saúde? Ou ser estressado demais? Estar estressado ou relaxado sob efeito de um baseado, em qual situação sua saúde está mais prejudicada? Honestamente, não sei dizer. Quanto ao lado medicinal, concordo que possa ajudar pacientes com doenças como a AIDS ou o câncer, uma vez que um dos efeitos da maconha é a larica, uma fome incontrolável, o que pode abrir o apetite de quem não quer comer e precisa. Esse fato de abrir apetite pode, por outro lado, ser prejudicial para quem precisa fazer uma dieta.

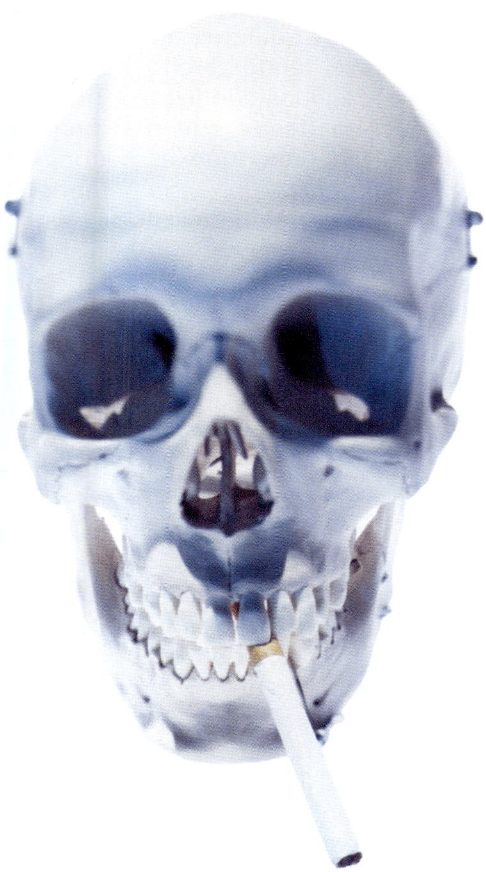

PA: Em excesso, acho que tudo faz mal à saúde. Se você fumar maconha o dia inteiro, vai viver chapado e, futuramente, algum problema de saúde será inevitável.

CF: Você acha que a maconha prejudica seu rendimento profissional? De que forma?

MT: Sim, acho. O relaxamento que a pessoa adquire vai diminuindo aos poucos, mas pode demorar até mais que um dia. Nem todos percebem isso, quem fuma com muita frequência não percebe. Vim a perceber depois que resolvi parar por seis meses, alguns anos atrás. Há poucos reflexos no dia seguinte, mas há. É como se você pudesse estar a 100 km/h e está a 60 km/h. Não deixa de fazer nada, mas fica mais lento. Numa empresa competitiva que precisa de respostas rápidas, você pode levar desvantagens em relação à competição entre colegas. O quanto prejudica depende da profissão e de onde você trabalha. Talvez, para pessoas que trabalhem com arte, não haja prejuízo. Atingi um grau de maturidade e somente fumo de sexta e sábado, assim, não sinto prejuízos em meu rendimento profissional. Do sábado à noite para a segunda-feira de manhã a ressaca, o "bode", como chamamos, já passou.

PA: Não.

CF: Você sente, após anos de uso, que a maconha traz algum efeito colateral?

MT: Fumo há mais de trinta anos, até o momento, não tenho reclamações de efeitos colaterais.

PA: Para mim, nenhum. Faço atividade física e não tenho um modo de vida sedentário. Nunca notei diferença no rendimento físico de hoje ou de 10 anos atrás, fumando de dois a três cigarros de maconha por dia e treinando regularmente.

CF: Você se sente incomodado por usar uma substância ilícita?

MT: Importo-me, pois tenho de utilizá-la de forma escondida, caso contrário, posso ter problemas com a polícia. A lei está bem mais branda, existe uma diferenciação muito grande entre o viciado e o traficante. Hoje, se for pego, vai para a delegacia e pode ir a julgamento. Mesmo sem ter o risco de ser preso, é uma situação pela qual não gostaria de passar.

PA: Sim, afinal, não estou cometendo nenhum crime.

CF: Você acha que o usuário tem alguma responsabilidade com relação à violência decorrente do tráfico da maconha, em particular, e das drogas em geral?

MT: Sob o efeito da maconha, o usuário tende a ser pacato. Uma pessoa que fumou vai ter dificuldade em assaltar alguém, uma vez que está mais devagar. O uso não estimula a violência. Por outro lado, não podemos deixar de admitir que existe uma responsabilidade em relação à violência gerada pelo tráfico, pois traficante somente existe se houver usuário e é comum lermos nos jornais histórias sanguinolentas do tráfico de drogas. Na minha concepção, há uma corresponsabilidade da sociedade que proíbe a maconha. Se pudesse ser plantada em casa, também não haveria traficantes.

PA: Com certeza. Se não tivesse usuário, não haveria traficante e, consequentemente, não haveria violência. Mas, também, se não houvesse proibição, nada disso aconteceria.

CF: Você acha que usa a maconha de forma patológica ?

MT: Acho que é um vicio. Talvez seja exagerado dizer que a utilizo de forma patológica, talvez, se um dia eu decidir parar, tenha uma dificuldade similar à de quem quer deixar de fumar tabaco.

PA: De maneira nenhuma. Se eu quiser parar algum dia, paro. Só não paro agora porque me dá prazer e não me prejudica. Mas sei que, um dia, vou parar.

CF: Após tantos anos como usuários, o que vocês pensam sobre a questão do uso da maconha?

MT: Sou casado, tenho filhos, uma família normal, como a de qualquer brasileiro. Trabalho honestamente e tenho direito de fumar meu baseado. As pessoas são livres e podem fazer o que quiserem desde que não prejudiquem o próximo. Não acho que a maconha tenha me prejudicado nesta vida. Tenho filhos adolescentes e não fumo na frente deles, acho que o papel do pai é impor limite aos seus filhos. Se eles fumam ou não, é por vontade própria, não irei incentivá-los. Sou a favor da maconha, mas não de sua propaganda. Um dos meus filhos disse que fuma e defende a maconha. Eu disse a ele que, em casa, o foco dele deve ser nos estudos. Se não ponho limites, ele pode não ter a maturidade de fumar somente em ocasiões apropriadas, similar a deixar o filho beber no final de semana, mas não concordar que ele fique enchendo a cara todo dia. Agindo dessa maneira, tenho um filho tranquilo, que nunca repetiu de ano, mesmo estudando em colégios que exigem do aluno, que bebe e fuma um baseadinho de vez em quando.

PA: Sendo uma droga leve – e posso constatar isso, pois nunca fui prejudicado pelo seu uso tanto no trabalho como na minha vida pessoal –, acho um absurdo não legalizá-la para que se possa ser consumida sem ter de recorrer ao tráfico para o seu uso. Além do mais, não devo nada a nenhuma pessoa física ou jurídica para que alguma lei tanto social como federal tome alguma decisão por mim, afinal de contas, sou eu que devo decidir se vou ou não fumar maconha.

POR QUE NÃO LIBERAR?

A discussão sobre a legalização da maconha no Brasil passa por questões que envolvem o álcool e outras drogas que já são liberadas para consumo

Até 2008, nas ruas de qualquer capital ou grande cidade brasileira, diversos outdoors estimulavam o consumo de bebidas alcoólicas. Na TV, propagandas associavam cerveja à praia, à gente bonita e a situações deliciosas. Nos cartazes dos bares, os drinks pareciam fluir dos lábios ou dos corpos perfeitos de mulheres semirreais. Naquela época, esta abordagem explícita não considerava os prejuízos que o uso do álcool traz para a sociedade.

Esta abordagem começou a mudar a partir de 10 de abril de 2008, quando o Conselho Nacional de Auto-Regulamentação Publicitária (CONAR) divulgou novas regras para as propagandas de bebidas alcoólicas no Brasil. Algumas diretrizes referem-se ao fato de que as propagandas com esse fim não podem ser imperativas e devem basear sua mensagem principal apenas no produto, sem se afastar da finalidade dele. Também não é permitido o uso de ilustrações, áudios ou vídeos que sugiram a ingestão de álcool, nem a sua relação com características benéficas, como coragem ou sucesso profissional e social.

Além disso, as peças divulgadas na mídia devem ter frases de advertência, como "Beba com Moderação" ou "Este produto é destinado a adultos" e não podem conter linguagem e recursos gráficos e audiovisuais pertencentes ao universo infantil, como animais humanizados ou bonecos. O código completo pode ser conferido no site do CONAR: *www.conar.org.br/codigo/codigo.php*

ÁLCOOL: UM PROBLEMA REAL

Esta preocupação do CONAR tem uma razão de ser. De acordo com o "Relatório Global sobre Álcool e Saúde", divulgado em 2014 pela Organização Mundial da Saúde (OMS), o consumo de álcool no Brasil é equivalente a 8,7 L por pessoa, quantidade superior à média mundial. Estima-se que homens consumam 13,6 L por ano, e as mulheres, 4,2 L.

Quando são considerados apenas os indivíduos que consomem álcool, esta média sobe para 15,1L (sendo 8,9L para mulheres e 19,6 L homens). O mesmo documento mostra que, em 2012, o álcool foi responsável por 3,3 milhões de mortes em todo o mundo (5,9%).

Outro relatório sobre o assunto é o "Status do consumo de álcool nas Américas", produzido pela

Organização Panamericana de Saúde (OPAS) e divulgado em julho de 2015. Com dados colhidos em 36 países da região entre 2010 a 2012, o estudo observou que o consumo de álcool nas Américas é maior do que a média global.

Um em cada cinco bebedores (22%) relatam consumo excessivo da bebida, enquanto, no mundo, a porcentagem é de 16%. Os números também revelam que, nos últimos cinco anos, houve aumento expressivo deste consumo excessivo entre as mulheres (de 4,6 a 13%). O relatório destaca que a maior parte dos óbitos por conta do álcool acontece na faixa dos 30 aos 59 anos de idade, período no qual a pessoa é considerada economicamente ativa.

Segundo o Centro de Informações sobre Saúde e Álcool (CISA), que analisou o relatório, o uso nocivo de bebidas alcoólicas pode contribuir para surgimento de mais de 200 doenças, como câncer, infecções e transtornos mentais. É, ainda, o principal fator associado aos índices de incapacidade e morte entre pessoas de 15 a 49 anos no mundo.

Dados da CISA informam que o Brasil está em 3º lugar no índice de mortalidade atribuível ao álcool entre homens (74 por 100 mil habitantes) e em 11º lugar entre mulheres (12 por 100 mil habitantes).

E A CANNABIS?

Se o álcool é legalizado no Brasil, apesar de todos os seus malefícios, muitas pessoas podem questionar: por que, então, a sociedade permite o uso de uma droga tão perigosa e proíbe o uso de outras, mais leves, como a maconha? Hipocrisia? Desinformação? Medo? Sabendo-se da crescente aceitação da cannabis em todos os estratos sociais, por que não legalizá-la, controlar sua venda e cobrar impostos sobre ela?

A pergunta, infelizmente, não implica uma resposta simples. Aliás, não se pode ser simplista em uma questão vital, que se tornou um problema social, como o uso das drogas e, nesse contexto, a possível legalização da maconha. A liberação poderia significar uma verdadeira catástrofe para a saúde pública, pois é consenso que a legalização tenderia a aumentar os níveis de consumo.

Com a eventual legalização, o total de dependentes de drogas ilícitas poderia aumentar, e isso resultaria em um caos no sistema público de saúde, uma carga intolerável para o trôpego e ineficiente Sistema Único de Saúde.

De acordo com dados do Centro Brasileiro de Informações sobre Drogas Psicotrópicas (CEBRID), por conta da exposição ao álcool, 68,7% da população brasileira usa essa droga lícita com alguma regularidade, dos quais 11,4% se tornaram dependentes.

Há indícios de que a exposição à maconha faria o número de usuários saltar, acarretando diversos efeitos colaterais, como o aumento do consumo de outras drogas e do próprio álcool, uma vez que os estudos indicam o uso associado da maconha a outras drogas por grande parte dos usuários.

Alguns países têm adotado uma abordagem diferente com relação às drogas. No Canadá, há o primeiro hospital para viciados das Américas, atendendo, principalmente, usuários em heroína.

O hospital tem dois níveis. No primeiro, os usuários vão apenas para receber uma dose da droga e usá-la no local, em saletas especiais, e monitorados pelos enfermeiros. Dessa forma, evita-se o consumo na rua e a exposição do público a um indivíduo alterado e potencialmente perigoso (ao, por exemplo, tentar dirigir um carro ou atravessar uma rua) e, ao mesmo tempo, presta-se assistência ao usuário. Muitos casos de overdose foram revertidos com sucesso pela equipe do hospital, por conta da monitoração.

Desse primeiro nível, o viciado pode escolher, espontaneamente, passar para o segundo nível, o andar superior da instalação, em busca de desintoxicação. Ali, recebe toda a ajuda especializada para abdicar do vício. Psiquiatras receitam remédios para substituir a dependência química da substância de sua eleição e acompanham-no com apoio, estimulando-o a participar de grupos de ajuda mútua e outras atividades. O resultado tem sido muito positivo. Apesar do elevado custo de manter um hospital como esse, o custo social do abandono do usuário é ainda mais elevado.

A Austrália e a Grã-Bretanha também possuem instalações semelhantes. Na Inglaterra, uma dessas iniciativas é promovida pela própria Igreja Anglicana. Enquanto a Holanda foi, já nos anos 1980, o primeiro país a liberar a comercialização e o consumo da cannabis em locais autorizados e controlados pelo governo, Portugal foi pioneiro na descriminalização do consumo de drogas, com a Lei nº 30/2000, que entrou em vigor em 1 de julho de 2001. Com ela, usuários pegos consumindo ou portando até 10 doses de qualquer droga para consumo próprio não são mais presos ou condenados a pagar multa.

Relaxar as penas e punições para o porte e consumo de maconha foi a solução que as autoridades lusitanas encontraram para a diminuição do uso da heroína injetável, que apresentava, em Portugal, uma

das maiores cifras da Europa. Além disso, o país investiu em campanhas de conscientização. A ideia foi informar, em vez de punir.

URUGUAI

Um dos nossos vizinhos, o Uruguai, é pioneiro na legalização do consumo da cannabis. Em 1 de agosto de 2013, a Câmara dos Deputados do Uruguai aprovou, por 50 votos a 46, o projeto que legaliza o consumo e autoriza o cultivo de maconha no país.

O projeto de lei, apresentado em junho de 2012, fez parte de um pacote de medidas para combater o aumento da violência no país. Ele prevê o controle do Estado sobre importação, plantio, cultivo, colheita, produção, aquisição, armazenamento, comercialização e distribuição dos derivados da cannabis.

Segundo a Lei, a cannabis poderia ser vendida em farmácias a partir de agosto de 2014, por cerca de um dólar, por grama. Após o devido registro, cada consumidor, desde que seja maior de 18 anos, poderia comprar até 40 gramas por mês. Esta disposição ainda não está em funcionamento, já que, apenas em março de 2016, foi firmado um acordo de cooperação entre o Instituto de Controle e Regulação da Cannabis (IRCCA) e as associações de farmácias do Uruguai, com as condições para o funcionamento e para a adesão dos estabelecimentos.

Além disso, foi liberado a cada família o cultivo de até seis pés da planta em suas casas, ou a possibilidade de fundar clubes de cannabis. Para ser autorizado a plantar, é preciso realizar um registro no Instituto de Regulación y Control del Cannabis (IRCCA). Todas as diretrizes da lei são válidas exclusivamente para os residentes no país, não contemplando turistas.

Segundo o ex-presidente do Uruguai, José Mujica, apelidado de "presidente cabeça-feita", em nenhuma parte do mundo a repressão deu resultado."Nós queremos parar essa coisa na fronteira, onde começa a adição às drogas. Não é fácil, porque não temos uma receita. Não é simples, estamos conscientes de que estamos fazendo um experimento de vanguarda no mundo inteiro", afirmou, na época, em uma entrevista à uma emissora de televisão local. "É uma batalha pela saúde pública, porque, se o consumidor for identificado, podemos interferir quando ele começar a passar dos limites", justificou Mojica.

Dados oficiais do governo uruguaio, divulgados em 2015 pelo Conselho Nacional de Drogas (JND), ligado à presidência da república do país, a regulamentação

e a produção da cannabis não aumentaram consideravelmente o uso da erva. Estas informações são parte do sexto levantamento nacional sobre o consumo de droga em domicílios. Elas sugerem que 9,3% da população usou maconha em 2014, em comparação a 8,3% em 2011, o menor aumento contabilizado em 14 anos. Além disso, 6,3% dos uruguaios se declararam usuários regulares deste entorpecente.

Pela primeira vez, o levantamento também considerou dados sobre a produção e venda da droga. Segundo os resultados, 66% dos consumidores disseram ter estado direta ou indiretamente ligados ao tráfico de drogas, enquanto 26% obteve o produto graças ao auto-cultivo.

A pesquisa foi realizada entre agosto e dezembro de 2014, com pessoas entre 15 e 65 anos. A amostra representa quase 60% da população uruguaia.

Contudo, medidas compensatórias estão sendo tomadas para equilibrar a legalização e o comércio da droga ilícita mais usada no mundo. De modo inteligente, o governo do ex-presidente José Mujica enviou ao Congresso uma proposta de lei para restringir a venda de bebidas alcoólicas.

Ao assumir a Presidência em março, sucedendo José Mujica, o médico oncologista Tabaré Vázquez prometeu ações severas contra o alcoolismo, parecidas com as que realizou contra o tabaco em seu primeiro mandato (2005-2010). Em julho de 2015, por exemplo, entrou em vigor no Uruguai uma lei que proíbe a venda de bebidas alcoólicas até as 6h da manhã.

Em 2016, o governo do Uruguai formou um grupo multisetorial para combater os problemas causados pelo consumo abusivo de álcool, com o objetivo de desestimular a ingestão desta substância, especificamente, entre grávidas e jovens.

Em um discurso oficial, o Ministro de Saúde Pública do Uruguai, Jorge Basso, disse que, de acordo com uma pesquisa realizada em 2011, 52% das mulheres afirmam ter consumido álcool no último mês, e 33,9% das grávidas dizem ter feito o mesmo durante a gestação. Segundo dados divulgados pela BBC, há 260 mil pessoas afetadas pelo uso problemático da bebida no Uruguai.

QUESTÃO COMPORTAMENTAL

De fato, o uso da maconha está se tornando cada vez mais frequente. E esse comportamento individual acaba tendo um impacto social. No caso dessa droga, muitos usuários são socialmente integrados e produtivos, mas acabam se expondo aos rigores da lei e à possibilidade de amargar consequências que geram mais prejuízo do que benefícios – até mesmo para a comunidade, que perde um indivíduo, muitas vezes, produtivo.

Elisaldo Carlini, médico psicofarmacologista do CEBRID - Centro Brasileiro de Informação sobre Drogas - e professor da Escola Paulista de Medicina da Universidade Federal de São Paulo, ponderou sobre essa questão em uma entrevista ao médico e escritor Drauzio Varella, concedida em 2011.

Carlini diz-se "totalmente contra o uso e a legalização da maconha". E justifica: "A maconha faz mal para os pulmões, acarreta problemas de memória e, em alguns casos, leva à dependência". No entanto, o médico defende a discriminalização: "Sou favorável à descriminalização da maconha". O problema é criminalizar seu uso e assumir as consequências da aplicação dessa lei", afirma Carlini.

"Nos Estados Unidos,em um único ano, 600.000 pessoas foram detidas e processadas por posse de maconha e o sistema de justiça americano acabou não fazendo outra coisa a não ser julgar jovens que, na maioria das vezes, não haviam cometido nenhum outro deslize e ficavam marcados por uma ficha criminal que os prejudicava na hora de conseguir um emprego, por exemplo, e de tocar a vida. Diante disso, vários estados americanos optaram por descriminalizar o uso da maconha. O mesmo fizeram o Canadá e alguns países da Europa, entre eles, Portugal. O importante não é punir um comportamento. É corrigi-lo. Para tanto, deve existir um programa eficiente de prevenção e de educação para que a pessoa evite consumir essa ou qualquer outra droga", explica.

O médico neozelandês David Fergusson, que coordenou uma das mais extensas pesquisas já realizada sobre a maconha, também se mostra desfavorável à legalização. Os dados foram apresentados durante o XVII Congresso da Abead, em Minas Gerais, em 2005. "Meu sentimento é que, se o uso de maconha for legalizado, isso poderia levar a um crescimento substancial do seu uso, particularmente entre os jovens", diz Fergusson.

Como única vantagem, Fergusson aponta o fato de que a legalização "poderia levar para um melhor reconhecimento e controle dos efeitos nocivos, pois os produtores teriam de demonstrar que seu produto é seguro e se responsabilizar por seus efeitos nocivos".

FORÇA POLÍTICA

Do outro lado da questão, estão aqueles favoráveis à legalização da maconha. O argumento mais poderoso é a recusa ao paternalismo que a proibição representa, tolhendo o poder de decisão que uma pessoa tem sobre si mesma.

"A maconha deveria ser legalizada, porque, além de a legalização acabar com o absurdo de tratar o usuário como criminoso, o Estado não tem o direito de determinar o que as pessoas podem ou não fazer de suas vidas", afirma MT, 45, usuário de maconha há mais de 20 anos.

Há também a frequente comparação com o álcool. "Se o álcool – que é droga pesada, causa dependência e males sociais bem maiores do que a maconha – é legal, por que não liberar a maconha?", pergunta Francisco, 58 anos, em um debate on-line promovido por um blog brasileiro pró-legalização.

De fato, muitos fumantes e simpatizantes têm se empenhado cada vez mais em levar o debate sobre a legalização da maconha a um fórum mais amplo. Da mesma forma como o Movimento Gay, os defensores da cannabis estão se organizando de forma a se tornarem uma força política.

Um desses esforços tem sido promovido desde 1999 pela ONG americana Cures not War (Guerra não é Cura) por meio da Global Marijuana March, uma passeata anual feita simultaneamente em diversas cidades do mundo com a intenção de chamar a atenção à discussão sobre a legalização da maconha, "um assunto que há muito tempo deveria estar sendo debatido abertamente", conforme os organizadores.

A questão da liberação da maconha arrasta-se e não dá mostras de ser solucionada facilmente. Para o médico psicofarmacologista Elisaldo Carlini, a questão da legalização é irreversível. Com o aumento do consumo, "a sociedade terá de enfrentar, no futuro, o problema da legalização, porque não adianta lutar contra algo imposto pelo comportamento da população em geral", pondera.

Mas, a exemplo do álcool, uma legalização assim estabelecida não traria qualquer benefício social. Provavelmente, a solução não passa pela legalização da maconha ou de outras drogas. Certamente, isso iria expor muita gente ao vício não só da cannabis, mas de outras drogas, causando um enorme prejuízo social. No entanto, essa preocupação com o prejuízo social deveria ser estendida às drogas lícitas, aumentando o controle sobre o álcool e o tabaco – no mínimo para excluir de nossa sociedade a hipocrisia de permitir o uso de duas drogas nocivas e proibir outras.

ATIVISMO

Consumidores e simpatizantes da cannabis buscam estimular o debate sobre a legalização com ações engajadas

Mesmo sendo, no Brasil, uma substância proibida desde os anos 1930, nas últimas décadas, o consumo da cannabis aumentou sobremaneira no Ocidente. Inicialmente usada por grupos sociais marginalizados, passou, cada vez mais, a ter espaço em todas as idades e classes sociais.

De fato, um dos estigmas com que o consumidor de cannabis sofria era com relação ao fato de a planta ter tido grande predominância entre os excluídos sociais, tanto que a expressão "maconheiro" sempre foi usada de forma pejorativa. "Maconheiro" continua sendo sinônimo de malandro, desocupado, vagabundo.

A discriminação sofrida pelos usuários era semelhante àquela dirigida, de maneira incoerente,

Foto: Shutterstock

© Frontpage

Marcha da cannabis em Washington, em 2009

aos homossexuais. E não só no Brasil. Também nos Estados Unidos, a cannabis esteve associada a grupos, até então, com menos privilégios sociais, como os imigrantes mexicanos e os negros.

Hoje, porém, há uma subcultura da cannabis, estabelecida a partir das relações de consumidores socialmente integrados com a planta. São pessoas que usam a maconha de forma recreativa, sem que, segundo eles, isso repercuta de forma negativa nas suas vidas (veja matéria na página 58).

No entanto, em muitos países onde o consumo ou a venda de cannabis não é descriminalizada, esses usuários acabam se vendo obrigados a recorrer ao tráfico, uma atividade ilegal e que pode colocá-los em perigo. Por não serem favoráveis ao tráfico e como forma de evitá-lo, muitos desses consumidores passam a cultivar a planta para uso próprio. Contudo, essa prática coloca-os na ilegalidade, e pode fazer que, aos olhos da lei, eles sejam vistos como traficantes.

Por conta disso, surgiu, em diversos países, um movimento mundial pela legalização da cannabis fomentado pelos usuários que não querem se relacionar com criminosos e, tampouco, serem vistos com tais.

No Brasil, este movimento ainda está presente, apesar de existirem consumidores que temem o preconceito e as consequências de se posicionar publicamente a favor da legalização da maconha. Uma das principais preocupações é perder o emprego por ser identificado como usuário. Apesar disso, os membros do movimento têm insistido em levar o debate da legalização do consumo da cannabis a todos os setores da sociedade.

A internet tem possibilitado o debate sem expor os usuários. Um dos espaços mais visitados é o site brasileiro Grow Room (*www.growrrom.net*), com notícias a respeito das conquistas do movimento no mundo todo, técnicas de cultivo, literatura sobre a cannabis, discussões e informações sobre leis e direitos e sobre a maconha medicinal.

Uma das ações promovidas pelo movimento pró-legalização da cannabis é a Marcha da Maconha, que acontece em estados de todo Brasil. O site do

© Fotokon

Ativistas pró-legalização do uso da cannabis em Varsóvia, Polônia, 2011.

Coletivo Marcha da Maconha (*marchadamaconha.org*) define a iniciativa como algo promovido por "um grupo de indivíduos e instituições que trabalham de forma majoritariamente descentralizada, com um núcleo central que atua na manutenção do site e do fórum de discussões a ele anexado".

O grupo afirma que suas "atividades não têm a intenção de fazer apologia à maconha ou ao seu uso, nem incentivar qualquer tipo de atividade criminosa. As atividades do Coletivo respeitam não só o direito à livre manifestação de ideias e opiniões, mas também os limites legais desse e de outros direitos".

Algumas ações dos ativistas pró-cannabis acontecem no Dia Nacional pela Legalização da Maconha e Combate ao Câncer celebrado em 27 de novembro. Na data, os manifestantes promovem passeatas e um debate sobre a legalização do uso da droga e suas potencialidades medicinais.

CARTA ABERTA

Em sua "Carta Aberta à Sociedade Brasileira – Sobre a Necessidade de Debater a Maconha", divulgada em 2009, o Coletivo Marcha da Maconha, diversos apoiadores individuais e instituições de peso, buscaram estimular o debate sobre a proibição ao consumo da cannabis. Confira um trecho do documento:

"Mesmo que o uso da maconha e de outras plantas psicoativas tenha sido uma presença constante em quase toda a trajetória humana na Terra, somente a partir do final do séc. 19, após a Guerra do Ópio, surgiram os Encontros Internacionais para discutir o tema. Durante os encontros de 1909, 1911, 1912 e 1921, realizados para discutir questões relacionadas à coca e ao ópio, não houve qualquer menção à maconha.

Na Reunião de 1924, Brasil, Egito, Grécia e alguns outros países cujos governantes tinham interesses em proibir seu uso iniciaram uma campanha para que ela também fosse considerada perigosa e incluída na lista de proscrições. Sob pressão, uma Comissão especial foi criada para analisar a matéria.

Inspirados na criação dessa Comissão, na década de 1930, alguns países, a exemplo do Brasil (1932) e EUA (1937), criaram leis federais banindo seu uso. Desde então, passaram a pressionar para que os Tratados Internacionais incluíssem a Cannabis sativa, o que só foi conseguido na Convenção Única de Entorpecentes, em 1961.

De lá pra cá, o consumo não diminuiu, mas a repressão foi intensificada, na mesma medida em que aumentou a violência relacionada à produção e comercialização não autorizada de maconha, bem como de outros crimes e problemas sociais relacionados, como os citados pelo General Jorge Armando Félix."

ENTREVISTA ATIVISMO

A Conhecer Fantástico conversou sobre o movimento pela legalização da cannabis com o ativista M.G., que pediu para não ser identificado, temendo o preconceito que os usuários sofrem. Tendo participado de diversas iniciativas do movimento pró-legalização da cannabis nos últimos anos, M.G comenta sobre as ações e conquistas realizadas.

CF: Prefere identificar-se ou omitir a identidade? Por que?

MG: No momento, prefiro omitir. Depois de muitas décadas de proibição e mentiras sobre a cannabis, corro o risco de ser mal-interpretado.

CF: Quais são as maiores reivindicações dos movimentos pró-cannabis?

MG: A descriminalização é algo imprescindível, assim como a regulação/regulamentação do uso. Isso se resume em uma melhor política sobre as drogas.

CF: Por que liberar o consumo da cannabis no Brasil?

MG: Porque a guerra contra a cannabis/drogas, que tinha como objetivo diminuir o consumo e uma suposta violência, não funcionou. O consumo existe e continuará existindo, e, além de não ter atingido seus objetivos, essa proibição ainda gerou efeitos colaterais horríveis na sociedade, e, como o tráfico, mortes decorrentes do tráfico, associação do usuário ao submundo no qual a cannabis é, hoje, encontrada, além de um gasto astronômico em políticas e campanhas desnecessárias.

CF: Quais seriam os possíveis impactos negativos

da liberação da cannabis?

MG: Não consigo ver impactos negativos. Seria uma substância controlada como qualquer outra existente hoje no mercado.

CF: Quais são as entidades mais expressivas por trás do movimento pró-liberação?

MG: Gosto muito do trabalho de alguns grupos, como o Global Commision on Drug Policy(FHC), o LEAP Brasil e o Maconhabrás da Unifesp/CEBRID. Existem muitos outros, mas gosto particularmente da visão e metodologia dos dois citados.

CF: De modo geral, quem é o público que participa do movimento?

MG: Há todo o tipo de gente, classe social e faixa etária. São médicos, jornalistas, economistas, advogados...

CF: Você tem ideia do número de pessoas que participa do movimento?

MG: Não tenho. S sei que as estatísticas oficiais diminuem o número total de participantes das marchas e usuários da cannabis. Por exemplo, nas marchas da maconha de SP em 2012/2013, tinha, pelo menos, 10.000 participantes, mas a imprensa só divulga algo em torno de 2.000. As fotos da marcha estão disponíveis na internet para conferência.

CF: Com relação à polêmica de que o usuário é o motor do tráfico, qual é a posição do movimento pró-cannabis?

MG: O usuário de cannabis sempre existiu na história da humanidade e sempre existirá. É um commodity, como café, álcool, açúcar, ritalina ou aspirina, para não citar outras drogas. É um direito nosso como cidadão poder consumir um produto como esse desde que não seja ferido o princípio da lesividade. O tráfico como conhecemos passou a existir desde a proibição da substância, na década de 1930. Antes disso, no Brasil, ela era comercializada como cigarro índio, pito do pango, diamba, liamba e por aí vai.

CF: Há indústrias que fazem lobby contra a legalização? Quem são os maiores opositores ao movimento e o que alegam para sustentar sua posição?

MG: Como estamos falando de lobby, é difícil comprovar, mas é entendido por boa parte da área que estuda a cannabis que as indústrias de tabaco e álcool não têm interesse na regulamentação do uso da droga. Outros opositores são as instituições religiosas.

CF: Qual é a resposta do movimento a essa oposição?

MG: A resposta é trabalho e educação. Sinto que estamos na fase de educar as pessoas sobre o que realmente é a cannabis, quais são seus usos e benefícios, precisamos nos justificar sempre. Interessante ver que, hoje, a classe artística tem "saido do armário" e feito declarações a favor. Isso é importante em um país como o Brasil, onde a maior dificuldade é a comunicação com a sociedade.

CF: Quais avanços já foram conquistados pelo movimento?

MG: Por incrível que pareça, faz pouco tempo que conquistamos o direito de falar sobre o assunto sem sermos considerados criminosos por apologia (risos). Resquício da ditadura militar. Mas os avanços são muitos, a sociedade já está mais aberta a ouvir o que temos a dizer. No campo medicinal, nem se fala. A cada dia, são descobertos novos usos para cannabis.

CF: Como é a experiência de outros países, como a Holanda, que liberaram o uso recreativo da cannabis, e de outros, como alguns estados americanos, que permitem o uso medicinal desta planta?

MG: É importante também citar o caso de Portugal, que uma excelente política sobre drogas há quase uma década também.

© Fotokon

A CANNABIS NO MUNDO

Devido a questões culturais e políticas, a maconha é encarada de diferentes formas pelo Planeta

Em 2015, o escritório das Nações Unidas sobre drogas e prevenção ao crime (UNODC), sediado em Viena, divulgou um relatório sobre a estimativa de consumidores de maconha e derivados. De acordo com o documento, em todo o Planeta, 181,8 milhões de pessoas, entre 15 e 64 anos de idade, seriam usuárias da droga, considerando estatísticas de 2013. Apesar do número significativo de usuários, a legislação de muitos países ainda é rigorosa em relação à legalização do uso e da venda da planta.

As políticas mais repressivas em relação às drogas estão na China, em Cingapura, no Japão, na Coréia, em Taiwan e em Cuba. Na Indonésia, no Irã e na Arábia Saudita, a pena de morte é prevista para os traficantes.

Na Europa, países como a Suécia têm uma política mais restritiva do que a norte-americana, baseada no consenso geral de que a sociedade recusa o consumo de drogas. Este país combate não somente as drogas ilegais, mas também ao álcool e tabaco, com enfoque no tratamento do usuário.

Já Portugal, Holanda, Suíça e Austrália têm uma política favorável à legalização das drogas. Outros países europeus ensaiam uma política liberal. Nações como a França e vários países sul-americanos, como Chile e Brasil, ainda têm políticas sobre a cannabis muito polêmicas no ambiente social interno.

© PromesaArtStudio

A Holanda foi o primeiro país a legalizar o consumo da cannabis.

Em alguns países, a cannabis tem o status de descriminalizada, isto é, não é crime portar e consumir certas quantidades, embora a produção, venda e transporte continuem sendo ilegais.

No final dos anos 1970, a Holanda decidiu parar de prender usuários de cannabis desde que eles comprassem até 30 gramas da planta em lugares autorizados. Em 1984, a droga foi legalizada. No país, 4,2% da população de 15 a 64 anos de idade usa maconha pelo menos uma vez por ano. É a média europeia. Outro aspecto que mantém a maconha liberada na Holanda há tanto tempo é que, desde a legalização, o número de jovens dependentes de heroína caiu.

Sociólogos estimam que, ao tirar a maconha da mão dos traficantes, os holandeses separaram essa droga das mais pesadas e, assim, dificultaram o acesso a elas. De acordo com o desembargador José Damião Pinheiro Machado Cogan, "na Holanda, a maconha foi liberada para eliminar a figura do traficante".

No entanto, mesmo a Holanda, um dos países mais liberal do mundo em relação à maconha, só é possível comprar a erva, em locais autorizados, em pequenas quantidades para consumo. Ninguém pode produzir ou vender a planta em larga escala.

Confira um painel da legalidade da cannabis em diversos países do Ocidente e do Oriente.

ALEMANHA

Embora a posse seja ilegal, o consumo não o é, pois é considerado ofensa pessoal, o que não constitui crime. A posse de pequenas quantidades pode gerar processo criminal contra o usuário e a definição de "pequenas quantidades" varia de estado para estado.

© Aleksey Klints

ARGENTINA

Na Argentina, o uso pessoal em pequenas quantidades e em locais reservados é legal. O consumo público é, em geral, tolerado pelos jovens adultos, embora a população mais idosa ainda tenda a ver o uso da planta com certa intolerância. O fim medicinal é aceito, porém, não legislado. No entanto, o cultivo, a venda e o transporte em grandes quantidades são ilegais.

AUSTRÁLIA

A cannabis é descriminalizada para uso pessoal em pequenas quantidades em alguns estados. O uso e o cultivo para fins medicinais foi legalizado em fevereiro de 2016. Pacientes com Mal de Parkinson, epilepsia e doenças terminais, como alguns tipos de câncer, são os mais beneficiados.

ÁUSTRIA

A classificação da cannabis como um narcótico é baseada na convenção das Nações Unidas sobre o assunto. É proibido comprar, portar, produzir, importar, exportar ou distribuir a erva. A lei austríaca considera somente o THC como droga, mas não as outras partes da planta. A produção da cannabis para fins médicos, realizada pela Agency for Health and Food Safety (AGES), é autorizada.

BÉLGICA

O uso em locais privados, a posse de até três gramas e o cultivo de uma planta fêmea são descriminalizados.

BRASIL

A legislação brasileira faz distinção entre o usuário e o traficante, e isso é determinado pela quantidade apreendida com o infrator. Em nosso país, a posse de qualquer droga, inclusive a cannabis, para consumo pessoal é ilegal, e o infrator, se pego com pequenas quantidades, pode ser condenado a prestar serviços comunitários. Já a produção, a venda e o transporte de qualquer droga, inclusive cannabis, são caracterizados como tráfico.

© Aleksey Klints

BULGÁRIA

A Bulgária tem uma legislação rígida com relação à posse, à produção, à venda e ao consumo de cannabis. Nesse país, a planta é considerada uma droga de Casse A, isto é, de alto risco, colocada na mesma categoria que a heroína e a cocaína. A pena para a posse da cannabis é de prisão e multa. Para a posse com objetivo à distribuição, ou seja, ao tráfico, a pena de prisão é de dois a oito anos para pequenas quantidades, e três a doze anos de reclusão. O organizador de um grupo de produtores, por sua vez, pode ser condenado a uma pena dez a vinte anos de prisão e uma multa de até cem mil euros, enquanto que para um membro desse grupo, a pena é de três a dez anos e multa de 2,5 a cinco mil euros.

CAMBOJA

Embora seja tecnicamente ilegal no Camboja, a cannabis é muito usada pelo povo khmer e por turistas estrangeiros em visitas ao país. A cannabis pode ser adquirida e fumada em locais públicos sem qualquer inconveniência. Há diversos restaurantes, chamados de "Happy Restaurants", que servem pratos e acompanhamento feitos à base da planta

CANADÁ

Em dezembro de 2015, o primeiro-ministro Justin Trudeau anunciou no Parlamento que o Canadá se tornará, em 2016, o primeiro país do grupo G7 a legalizar a maconha ao adotar uma lei que regulará o consumo da erva, limitando o acesso à substância. O anúncio faz parte de uma promessa de campanha do candidato.

No Canadá, a cannabis medicinal é permitida. Sua regulamentação, instituída pela Health Canada em julho de 2001, define as categorias de pacientes elegíveis para o uso da maconha medicinal. Esse pacientes devem sofrer dor ou espasmos musculares persistentes de esclerose múltipla causada por doenças da medula espinhal, dor severa, caquexia, anorexia, perda de peso, náuseas severas decorrentes de câncer, infecção por HIV/AIDS e convulsões de epilepsia. Os pacientes elegíveis devem ser apoiados por parecer de um médico.

© arindambanerjee

CHILE

Desde que em ambiente restrito, o cultivo, a posse e o consumo são descriminalizados.

CHINA

Nesse país, a cannabis é cultivada para a produção de fibras e usada por conta de suas propriedades medicinais há milhares de anos.

COREIA DO NORTE

Diversos relatos e observadores afirmam que a cannabis não é tratada como droga ilegal pelo governo norte-coreano. Não está claro, porém, se a erva é realmente legal na Coreia do Norte, mas há diversos indicativos de que o uso, a venda e o cultivo da planta parecem ser generalizados e realizados abertamente.

COREIA DO SUL

A cannabis é ilegal na Coreia do Sul e as penas são aplicáveis até mesmo para sul-coreanos que fizeram uso da droga em outro país. Isso aconteceu com um rapper sul-coreano que fumou cannabis nos Estados Unidos e foi condenado a oito meses de prisão em seu país natal.

ESPANHA

Vender qualquer quantidade de maconha é crime. A compra em qualquer lugar, a posse e o consumo em um local público constituem uma contravenção e são punidos com multa e confisco. No entanto, o cultivo da planta em propriedade própria para uso pessoal e o consumo por adultos em um espaço privado não são ilegais.

EUA

Nos Estados Unidos, as leis variam conforme o estado. Atualmente, a cannabis é liberada em Oregon, Alasca, Colorado e o distrito de Columbia. Contudo, a lei federal classifica a maconha como uma substância de Classe I, a mesma da heroína. A Suprema Corte dos Estados Unidos determina que o governo federal tem o poder de regular e criminalizar a erva, mesmo para fins médicos, conforme uma lei chamada Controlled Substances Act (CSA).

© PromesaArtStudio

FRANÇA

A cannabis é legal, desde que usada para fins medicinais. No entanto, o cultivo, a venda, o consumo ou a importação são proibidos.

HOLANDA

No primeiro país que descriminalizou o uso da cannabis, a venda de produtos derivados planta só é permitida em estabelecimentos controlados, como os famosos coffee shops. A ousada legislação, colocada em prática por meio do Opium Act (1976), faz uma distinção entre drogas leves e pesadas, que são classificadas de acordo com uma "escala de risco". O governo holandês considera a maconha uma droga leve.

A legislação foi estabelecida com o objetivo de alcançar quatro objetivos principais: (1) inibir o uso de drogas recreativas e tratar/ reabilitar os usuários, (2) reduzir os malefícios aos usuários, (3) diminuir a perturbação da ordem pública por usuários de drogas e (4) combater a produção e o tráfico de drogas.

No país, o uso de quantidades pequenas de cannabis não é passível de punição ou investigação policial, e as famosas cafeterias para o consumo de maconha são regulamentadas por portarias municipais. Nestes locais, não podem comercializadas drogas pesadas ou realizadas vendas a menores de 16 anos de idade, assim como propaganda sobre o uso dos produtos.

Ao longo do tempo, a posição da Holanda com relação à cannabis causou alguns atritos com outros países, como a França, que tem uma posição contraria à descriminalização.

ÍNDIA

Embora a cannabis seja nativa das encostas do Himalaia e venha sendo cultivada há milênios, inclusive, para rituais religiosos, a produção e a posse da planta são ilegais. Contudo, essa lei dificilmente é cumprida.

ITÁLIA

A posse de pequenas quantidades para o consumo pessoal é punida com multa e suspensão de documentos, como passaportes ou carteira de motorista. A venda e a produção são ilegais e passivas de prisão. O cultivo legal para fins médicos e industriais é estritamente regulado pelo governo.

JAMAICA

No país quase sempre associado à cannabis, o cultivo, a venda e o consumo eram ilegais até 2015, quando foi descriminalizado o porte de pequenas quantidades (até 2 g) da erva e foi autorizada a criação de uma agência para regularizar seu uso para fins medicinais. O cultivo de

até cinco pés por pessoa, para consumo próprio, tambem foi permitido.

JAPÃO

O país tem leis severas contra o consumo de drogas. A posse da cannabis é punível com até cinco anos de prisão. A venda pode ser punida com até dez anos de prisão e multa.

LAOS

Embora vizinho do Camboja, onde o uso da cannabis é difundido e tolerado, alguns casos envolvendo maconha podem ser punidos com pena de morte.

NORUEGA

Na Noruega, a quantidade para uso pessoal é de até 15 gramas e punida com multa, no caso de reus primários. A posse de maior quantidade é considerada tráfico e punida com mais severidade. As reincidências ou a venda são punidas com prisão, para todo e qualquer narcótico. O uso medicinal da cannabis é permitido desde 1965.

NOVA ZELÂNDIA

O cultivo, a posse ou venda da cannabis são ilegais. As flores, as sementes e qualquer outra parte da planta são classificadas como substâncias de Classe C (que causam menos malefícios). Contudo, o haxixe, óleo de haxixe, THC e qualquer outras preparações que contenham THC feitas por processamento da planta são classificadas como substâncias de Classe B – mais perigosas.

PAQUISTÃO

No Paquistão há leis que proíbem a venda e uso de cannabis, mas raramente são aplicadas. Tal como acontece com o haxixe, o uso ocasional da cannabis em reuniões comunitárias é um costume secular e muito tolerado, apesar de estar associado a grupos de baixa renda. O uso aberto da cannabis pelos sufis e hindus como meio para induzir transe místico nunca foi proibido pelo governo. Além disso, grandes extensões da cannabis selvagem crescem nas encostas das montanhas sem controle do Estado.

PERU

No Peru, a posse da cannabis é descriminalizada, sendo que o uso de até oito gramas é considerado pessoal e legal.

PORTUGAL

Em Portugal, a posse da cannabis e derivados – ou de qualquer outra droga – para uso pessoal não é considerado crime. A quantidade considerada para uso pessoal seria o bastante para dez dias de consumo (25 g para maconha, 5 g para haxixe e 2,5 g para óleo de cannabis). Em 2001, Portugal tornou-se o primeiro país no mundo a descriminalizar o uso de todas as drogas e a começar a tratar os usuários como doentes, em

© Aleksey Klints

vez de criminosos, embora, em alguns casos, os reincidentes sejam obrigados a fazer reabilitação. A posição pioneira nasceu da necessidade de diminuir o número de casos de infecção de HIV por drogas injetáveis.

Em 1999, Portugal teve a maior taxa de HIV entre usuários de drogas injetáveis na União Europeia. Havia cerca de 2.000 novos casos de AIDS por ano, em um país de 10 milhões de pessoas, sendo que 45% devia-se ao uso de drogas injetáveis. O número de usuários de heroína foi estimado entre 50.000 e 100.000 no final da década de 1990. Fazia-se, portanto, necessária uma política de drogas para mitigar o problema. Isso levou à adoção da Estratégia Nacional de Luta contra a Droga, em 1999.

A legislação portuguesa para entorpecentes foi posta em prá- tica em 2000, tornando-se juridicamente válida a partir de julho de 2001. A lei manteve o status de ilegalidade para a utilização ou a posse de qualquer droga para uso pessoal sem autorização.

No entanto, diminuiu as penas, substituindo-as por serviços comunitários, para delitos menores. Também dobrou o investimento de recursos públicos no tratamento e na prevenção da dependência de drogas. A partir da adoção dessa política, o número de novos casos de HIV diagnosticados entre usuários de drogas no país diminuiu para 13,4 por milhão em 2009. Apesar do resultado positivo, Portugal ainda está muito acima da média europeia, em 2,85 casos por milhão.

Um relatório do Centro Europeu para a Prevenção e Controlo das Doenças (CEPCD) e a Organização Mundial de Saúde (OMS), divulgado em 2013, mostrou que as taxas de contaminação de HIV diminuíram, mas continuam acima da média europeia, com sete casos por 100 mil habitantes.

REINO UNIDO

Nas Ilhas Britânicas, a cannabis é classificada como uma droga de classe B (risco moderado). Normalmente, a posse de menos de três gramas resulta em confisco e uma advertência por escrito para as duas primeiras contravenções por posse de maconha. Com relação ao uso medicinal da cannabis, os canabinoides sintéticos, como Nabilone ou o spray Sativex, são comercializados. Com relação às flores, continua a ser ilegal prescrevê-las. O cultivo de mais de nove plantas é normalmente entendido como produção com intenção de venda.

RÚSSIA

A posse de até cinco gramas de cannabis ou duas gramas de haxixe é punível com multa. A posse de quantidade maior pode resultar em prisão.

SUÍÇA

Na Suíça, é ilegal portar, consumir ou distribuir a droga. No entanto, normalmente, apenas a pena mínima é aplicada por posse e uso, mesmo para quantidades maiores. Desde janeiro de 2012, os cantões de Vaud, Neuchâtel, Genebra e Friburgo têm permitido o cultivo de até quatro plantas de cannabis por pessoa, em uma tentativa de conter o tráfico.

URUGUAI

Em 1 de agosto de 2013, a Câmara dos Deputados do Uruguai aprovou, por 50 votos a 46, o projeto que legaliza o consumo e autoriza o cultivo de maconha no país. O projeto de lei, apresentado em junho de 2012, fez parte de um pacote de medidas para combater o aumento da violência. Ele prevê o controle do Estado sobre importação, plantio, cultivo, colheita, produção, aquisição, armazenamento, comercialização e distribuição dos derivados da cannabis.

Segundo a Lei, a maconha poderia ser vendida em farmácias a partir de agosto de 2014. Após o devido registro, cada consumidor maior de 18 anos anos de idade poderia comprar até 40 gramas por mês. Esta disposição ainda não está em funcionamento, pois apenas em março de 2016 foi firmado um acordo de cooperação entre o Instituto de Controle e Regulação da Cannabis (IRCCA) e as associações de farmácias do Uruguai.

Foi liberado a cada família o cultivo de até seis pés da planta ou a possibilidade de fundar clubes de cannabis mediante registro no Instituto de Regulación y Control del Cannabis (IRCCA).

© Triff

PARAÍSOS INFERNAIS

As dez drogas mais perigosas causam um tremendo prejuízo social, gerando perda, dor e morte

De acordo com um estudo publicado na revista médica britânica The Lancet, o álcool e o tabaco são mais perigosos do que drogas como maconha, LSD e ecstasy. Médicos da Universidade de Bristol e do Conselho de Pesquisa Médica da Grã-Bretanha avaliaram o risco de 20 drogas, que foram, então, combinadas para produzir uma avaliação geral de risco. A cannabis foi considerada a 11ª droga mais perigosa – atrás do tabaco, que ficou em nono.

© Marquisphoto

As 10 drogas mais perigosas, segundo os pesquisadores da Universidade de Bristol, são:

1. HEROÍNA

A heroína, ou diamorfina, é um analgésico opioide sintetizado pela primeira vez pelo químico Alder Wright, em 1874. É usada medicinalmente no tratamento de dor severa. O termo médico para a droga é diamorfina, enquanto a palavra "heroína" é usada para se referir à substância no contexto ilegal. A diferença entre a diamorfina e a heroína, produzida ilegalmente, é que a primeira tem controle de qualidade de um laboratório eficiente e uma apresentação cristalina, enquanto a droga ilícita tem impurezas e sua consistência é a de um pó branco. Por causa de seu ponto de ebulição inferior, a heroína também pode ser fumada.

O maior produtor de heroína é o Afeganistão, que, em 2004, produziu cerca de 87% da oferta mundial de ópio bruto. No entanto, a produção no México aumentou seis vezes, de 2007 a 2011, o que levou o país a se tornar o segundo maior produtor do mundo. Os cartéis mexicanos são responsáveis por um subproduto da heroína, o "black tar", ou "alcatrão negro", uma síntese simplificada, de produção mais rápida e que contém uma proporção de outros derivados de morfina mais elevada do que a heroína.

A administração frequente da morfina leva ao desenvolvimento de tolerância e dependência física. Por isso, é ilegal fabricar, possuir ou vender diamorfina sem licença em quase todos os países. Por conta do aumento da vulnerabilidade à exposição a agentes infecciosos, o uso de heroína e outros opioides, mesmo em níveis terapêuticos normais, pode produzir infecções oportunistas com efeitos duradouros. Outro problema deve-se ao uso intravenoso, muitas vezes, com agulhas não esterilizadas – uma das formas de propagação da AIDS e da hepatite C.

A overdose de heroína pode levar à morte, em questão de minutos, por causa da anoxia proveniente da falência do reflexo respiratório. A overdose, porém, é imediatamente reversível com uma injeção de antagonistas de opioides.

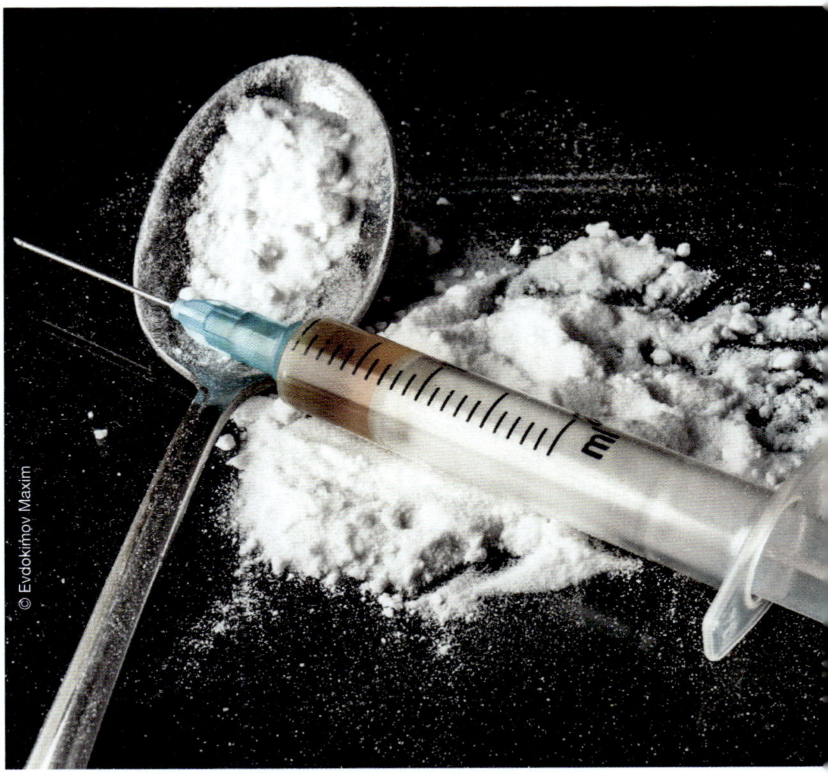

CLASSIFICAÇÃO DAS DROGAS

Em muitos países, principalmente para fins legais, as drogas são classificadas conforme sua periculosidade. O Sistema Judiciário desses países determinam diferentes penas para os envolvidos com drogas, de acordo com essa classificação. Há três grupos de drogas: A, B e C.

Drogas Classe A:

São as consideradas mais perigosas e maléficas para o usuário. Por conta disso, as penas mais pesadas estão previstas para produção, venda e consumo dessas substâncias. Entre as drogas da classe A, estão a heroína, a cocaína, o ecstasy e o LSD. No Reino Unido, a pena para a posse de drogas da classe A pode chegar até a sete anos de prisão. Já para o tráfico, a pena pode chegar à prisão perpétua. Nos Estados Unidos, a cannabis é considerada uma droga de classe A, apesar de vários estados a terem liberado para uso medicinal.

Drogas Classe B:

Entre as drogas da classe B, estão as anfetaminas e barbitúricos. Na Grã-Bretanha, a cannabis é listada nessa classificação. Nesse país, a posse de drogas da classe B prevê penas de até cinco anos e multa. Já o tráfico pode levar até a 14 anos de reclusão.

Drogas Classe C

Essas drogas são consideradas mais leves do que as classificadas nos dois outros grupos. São os tranquilizantes, como valium, e os esteroides anabólicos. Na Nova Zelândia, a cannabis é classificada como Classe C. Na Grã-Bretanha, a posse desses medicamentos sem receita médica pode determinar penas de até dois anos de prisão e multa, enquanto o tráfico é punido com 14 anos de cadeia e multa.

2. COCAÍNA

Por mais de mil anos, os índios sul-americanos têm usado folhas de coca, uma planta que contém nutrientes vitais, bem como diversos alcaloides, entre os quais a cocaína. Restos de folhas de coca foram encontrados em antigas múmias peruanas. Há, também, evidências de que os incas também usavam uma mistura de folhas de coca e saliva como anestésico, especialmente na realização de trepanação. Embora normalmente associada aos povos andinos, a coca também era usada pelos índios do Brasil. Em seu livro *A Bandeira de Fernão Dias*, Paulo Setúbal fala do vício de alguns índios por ipadu, um preparado à base de coca para ser ingerido. Era usado nas expedições de caça ou de guerra para superar a fadiga e a fome.

Quando os espanhóis chegaram à América do Sul, os incas explicaram a prática de mascar coca dizendo que a folha lhes dava força e energia. Contudo, os invasores declararam que o uso da coca era obra do diabo, depois de descobrirem eles mesmos que, de fato, a planta tinha as propriedades a ela atribuídas. Em 1569, Nicolás Monardes descreveu a prática dos nativos de mascar uma mistura de tabaco e folhas de coca para induzir “grande contentamento”. A partir de então, em vez de proibir, os espanhóis passaram a tributar a coca, recebendo 10% do valor da produção.

A cocaína, ou éster do ácido benzoico, obtida a partir das folhas da planta da coca, é um estimulante, supressor de apetite, e um anestésico potente. Ela pode causar dependência física e psicológica e é marcadamente mais perigosa do que outros estimulantes, como as anfetaminas. Em altas doses, pode levar à parada cardíaca e morte.

Um derivado da cocaína que tem provocado efeitos sociais devastadores é o crack, uma forma inferior da droga, normalmente produzida por neutralização do cloridrato de cocaína, com uma solução de bicarbonato de sódio e água. Ao contrário da cocaína, aspirada ou injetada, o crack é fumado. É uma droga extremamente viciante, podendo levar à dependência nas primeiras vezes em que é consumida.

© photopixel

3. BARBITÚRICOS

Barbitúricos são drogas derivadas do ácido barbitúrico, que deprimem o sistema nervoso central e, por isso, produzem uma ampla gama de efeitos, desde uma sedação leve à anestesia total. Na medicina, são usados como ansiolíticos, hipnóticos e anticonvulsivos. Contudo, os barbitúricos têm potencial de desenvolver dependência, tanto física como psicológica. Por conta disso, grande parte deles foi substituída pela benzodiazepina, principalmente porque o perigo de overdose desta é significativamente menor. No entanto, barbitúricos ainda são utilizados em anestesia geral, para a epilepsia e o suicídio assistido.

O ácido barbitúrico foi sintetizado pela primeira vez em 6 de dezembro de 1864, pelo químico alemão Adolf von Baeyer (sem nenhuma relação com a empresa química e farmacêutica Bayer). Von Baeyer obteve o ácido por condensação de ureia (um produto de resíduos de origem animal) com malonato de dietilo (um éster derivado do ácido de maçãs). A nova substância foi batizada de acordo com o nome de uma garçonete de Berlim, chamada Bárbara, que teria fornecido a urina para von Baeyer sintetizar o novo ácido. Outra história informa que Von Baeyer e seus colegas foram celebrar a descoberta em uma taverna, onde o batalhão de artilharia da cidade também estava comemorando a festa de Santa Bárbara – a santa padroeira dos artilheiros –, e o capitão do batalhão sugeriu o nome para a nova substância.

Sozinho, o ácido barbitúrico não tem efeito direto sobre o sistema nervoso central. No entanto, químicos derivaram mais de 2.500 compostos a partir dele, os quais possuem qualidades farmacologicamente ativas. Foi só em 1903, 39 anos depois da descoberta de Von Baeyer, que o uso medicinal do ácido começou. Dois químicos, estes, sim, trabalhando para o laboratório Bayer, Emil Fischer e Joseph von Mering, produziram um derivado, o barbital, que se mostrou muito eficaz como indutor de sono em cães. O barbital passou a ser comercializado pela Bayer com o nome comercial de Veronal. Diz-se que, quando propôs o nome, Von Mering inspirou-se na cidade italiana de Verona, o lugar mais tranquilo que conhecia. Von Mering, porém, não tinha ideia dos efeitos nocivos do Veronal. Foi só na década de 1950 que se descobriu que, além do potencial para desenvolver dependência física, os barbitúricos podiam provocar distúrbios de comportamento e que sua overdose levava à morte.

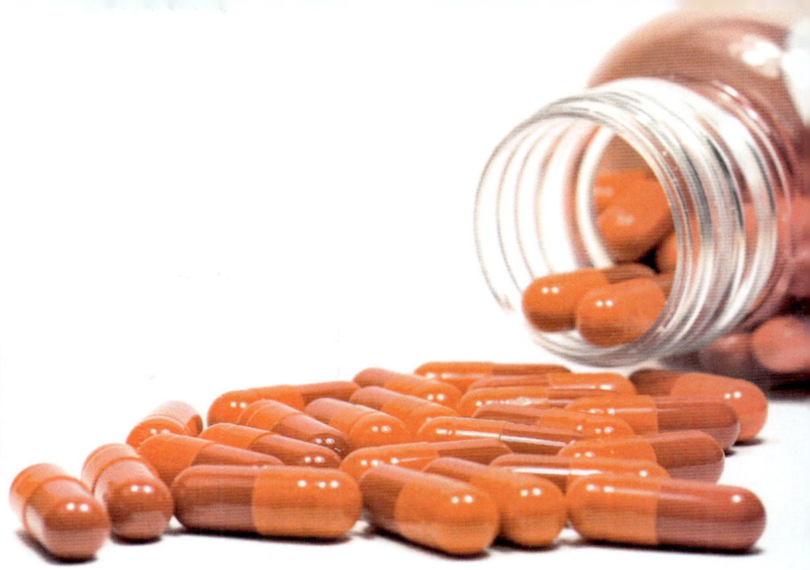
© StockPhotoAstur

4. METADONA

O uso abusivo de metadona é responsável por cerca de cinco mil mortes anuais por overdose, só nos Estados Unidos. Na medicina, devido à sua ação de longa duração, aos seus efeitos poderosos e ao baixo custo, a metadona é empregada no tratamento da dor crônica e da dependência de opioides, como a heroína e a morfina. Desenvolvida na Alemanha em 1937, a metadona, por ser análoga à morfina ou heroína, age sobre os mesmos receptores de opioides que essas drogas, produzindo muitos efeitos semelhantes. Por isso, ela é usada para mitigar a síndrome de abstinência de opioides, tornando-a mais tolerável. Doses mais elevadas de metadona bloqueiam os efeitos da heroína ou da morfina, levando pacientes tratados com ela a reduzir ou interromper completamente o uso dessas duas drogas. No entanto, doses não adequadas levam o usuário à dependência, à overdose e à morte.

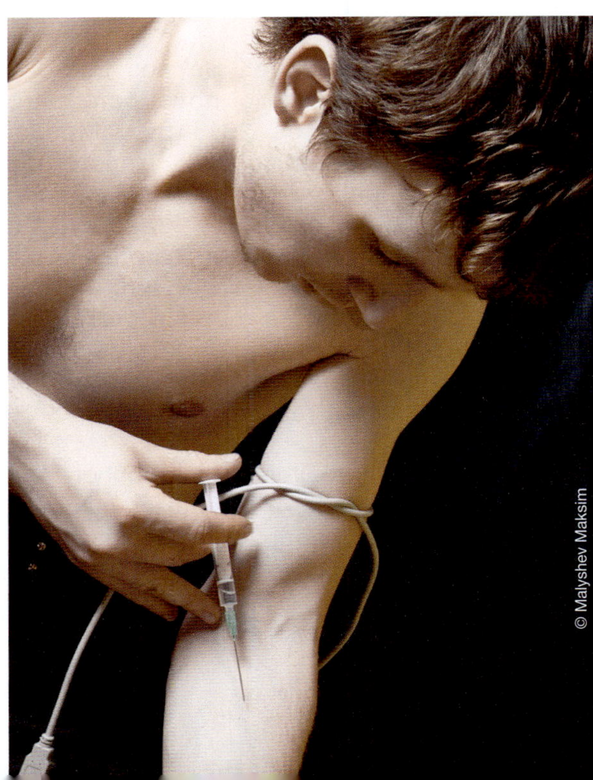
© Malyshev Maksim

5. ÁLCOOL

As bebidas alcoólicas têm sido produzidas e consumidas pela humanidade desde o início da civilização. A mais antiga evidência de álcool foi descoberta em Jiahu, um dos primeiros assentamentos neolíticos na China. De fato, a maioria das culturas do mundo produz e consome bebidas alcoólicas.

No entanto, o etanol (álcool etílico, ou álcool) é uma droga psicoativa. Por ser uma prática socialmente aceita há tanto tempo, apreciada pela maioria dos povos e vista, inclusive, como "alimento" (é famosa a frase do somelier "vinho não é bebida, é alimento"), o álcool é uma droga lícita em todo o Ocidente e em muitos países do Oriente. Sua proibição nos Estados Unidos, durante a Lei Seca, que tornou ilegal a produção e o consumo de álcool no país entre 1920 e 1933, fez o crime organizado e a violência proliferarem e levou a corrupção a todos os setores da sociedade. O governo americano não viu outra solução a não ser voltar atrás e legalizar sua produção, sua venda e seu consumo.

Por causa da popularidade, do hábito milenar de beber, da sua presença em todas as comemorações, do seu uso religioso (parte do rito católico e usado em diversas religiões xamânicas), da aceitação que as bebidas fermentadas e destiladas têm nos países cuja cultura valoriza o álcool, muitas pessoas não o veem como droga. Na verdade, um grande número delas está no limite do alcoolismo e nem sequer percebe o risco que corre em adquirir o vício.

O perigo é considerável. Só nos Estados Unidos, de acordo com o novo parâmetro introduzido em maio de 2013 pelo Manual Diagnóstico e Estatístico de Transtornos Mentais, um manual produzido pela American Psychiatric Association (Associação Americana de Psiquiatria) para profissionais da área da saúde mental que lista diferentes categorias de transtornos mentais e critérios para diagnosticá-los, cerca de 40% dos estudantes universitários dos EUA poderiam ser considerados alcoólatras.

De acordo com a Organização Mundial de Saúde (OMS), o Brasil é um dos países que mais consumem álcool no mundo. Uma pesquisa identificou que, em 108 cidades brasileiras com mais de 200 mil habitantes, 12,3% das pessoas com idades entre 12 e 65 anos são consideradas alcoólatras. A pesquisa indica, igualmente, que o consumo entre os jovens é cada vez maior.

Em termos globais, ainda segundo a OMS, cerca de 4% de todas as mortes devem-se ao álcool, porcentagem maior do que os óbitos causados por AIDS, violência e tuberculose. Os maiores problemas sociais associados ao álcool são a violência, a negligência infantil, abusos sexuais e o maior número de faltas ao trabalho. Em termos de números, o álcool leva 2,5 milhões de pessoas à morte todos os anos. O maior índice está no grupo com idades entre 25 e 39 anos. Cerca de 9% das mortes nessa faixa etária, aproximadamente 320 mil pessoas, resultam de problemas relacionados ao álcool. É uma droga que pode levar a um comportamento violento. Um dos motivos dos óbitos nessa faixa etária é composto por ferimentos fatais atribuíveis aos efeitos do álcool. Entre as principais doenças relacionadas ao álcool, estão epilepsia, doenças cardiovasculares, cirrose e vários tipos de câncer. A OMS reconheceu, igualmente, que o álcool afeta não somente o usuário, mas também os que se relacionam com ele.

© Kamira

II LEVANTAMENTO NACIONAL DE ÁLCOOL E DROGAS (LENAD) – INSTITUTO NACIONAL DE CIÊNCIA E TECNOLOGIA PARA POLÍTICAS PÚBLICAS DO ÁLCOOL E OUTRAS DROGAS DA UNIVERSIDADE FEDERAL DE SÃO PAULO (UNIFESP), EM 2012 (TRECHOS)

"Evidências mostram que uma maior renda per capita está relacionada com aumento de consumo de álcool, o que torna o país um mercado promissor para a indústria do álcool. Embora o primeiro levantamento nacional de álcool (I LENAD) realizado em 2006 tenha mostrado que metade dos brasileiros não eram consumidores de álcool, também foi constatado que os índices de uso nocivo e dependência eram altos entre os bebedores."

"Além do crescimento observado na quantidade de doses de bebidas alcoólicas ingeridas pela população, também observou-se crescimento significativo na frequência de consumo. Em 2006, 42% da população não abstinente declarou beber pelo menos 1 vez por semana e 58% bebiam menos de uma vez por semana. Em 2012, a proporção daqueles que declararam beber pelo menos uma vez por semana subiu 11 pontos percentuais, ou seja, 53% dos não abstinentes bebem ao menos uma vez por semana. O crescimento relativo na população que consome álcool com frequência foi mais significativo entre as mulheres – passando de 27% delas em 2006 para 38% em 2012."

"Outro dado que merece atenção é o crescimento da população que experimentou álcool mais cedo. Entre os brasileiros adultos em 2006, 13% tinham experimentado bebidas alcoólicas com menos de 15 anos. Em 2012, 22% declarou ter experimentado com menos de 15 anos. A constatação da maior precocidade na experimentação é aferível de maneira semelhante entre homens e mulheres. Entre os homens 16% declararam ter experimentado com menos de 15 anos em 2006, em 2012 essa população aumentou para 24%. Entre as mulheres a proporção das que experimentaram bebidas alcoólicas com menos de 15 anos passou de 8% em 2006 para 17% em 2012."

6. CETAMINA (OU QUETAMINA)

A cetamina produz vários efeitos nos seres humanos. Além de analgesia e anestesia, a droga provoca alucinações, eleva a pressão arterial e causa broncodilatação. Por causa dessas propriedades, a cetamina é usada, tanto na medicina humana quanto na veterinária, na indução e manutenção de anestesia geral, quase sempre em combinação com um sedativo. Na psiquiatria, é empregada por ser eficaz no tratamento de pacientes com depressão e distúrbio bipolar, que não responderam a antidepressivos. O efeito antidepressivo da cetamina é extremamente rápido, atuando em poucas horas. Além disso, ela também é usada como analgésico e no tratamento de broncoespasmo. No entanto, seu uso recreativo acabou se tornando preocupante.

Aqueles que usam a cetamina de forma recreativa buscam os efeitos obtidos nas doses baixas, entre os quais melhora no humor, perda da realidade, alucinações visuais e perda de atenção, de habilidade, de aprendizado e de memória. Mas, como os usuários tendem a desenvolver dependência e tolerância, acabam, com o tempo de uso, consumindo doses maiores, as quais provocam vômitos, fala arrastada, amnésia, redução da função motora, delírio, taquicardia, hipotensão e depressão respiratória. Segundo o documento "Cetamina: aspectos gerais e relação com a esquizofrenia", produzido por Silvânia Vasconcelos e colegas da Universidade Estadual do Ceará, "usuários de altas doses reportam experiências como saída do próprio corpo ou proximidade à morte, como também distúrbios visuais ou flashbacks que podem durar dias ou semanas após a exposição".

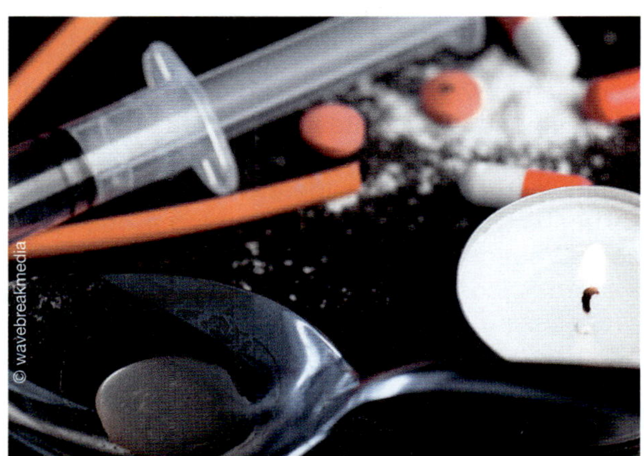
© wavebreakmedia

7. BENZODIAZEPINA

A benzodiazepina é uma droga psicoativa descoberta acidentalmente pelo químico Leo Sternbach, em 1955, e disponibilizada em 1960 pelo laboratório Hoffmann-La Roche. Em 1963, o laboratório lançou outra droga benzodiazepínica, o Diazepam, comercializado com o nome Valium, um dos calmantes mais usados recreativamente. A benzodiazepina aumenta o efeito do ácido gama-aminobutírico (GABA) no seu receptor, resultando em um efeito sedativo, indutor do sono, ansiolítico e anticonvulsivante. Tais propriedades tornam-nos úteis no tratamento de ansiedade, insônia, agitação, convulsões, espasmos musculares e abstinência alcoólica. Os benzodiazepínicos são classificados de acordo a duração do efeito. As benzodiazepinas de ação mais breve são preferidas para o tratamento da insônia. Já as de efeito mais prolongado são recomendadas para o tratamento da ansiedade.

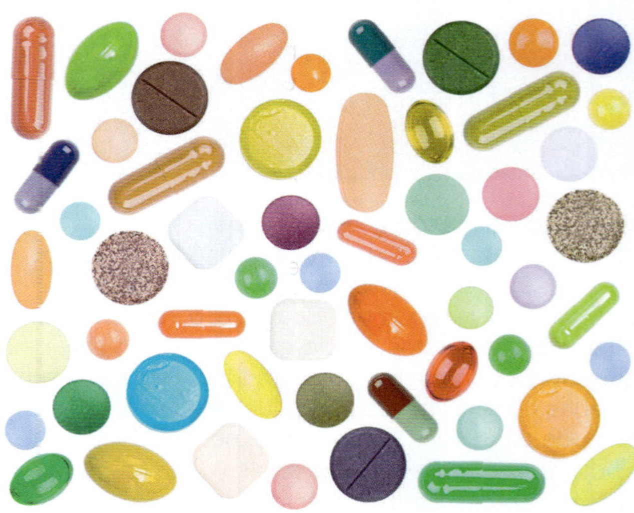

© Irina Rogova

Em geral, o consumo de benzodiazepínicos é seguro a curto prazo, apesar de poder haver deficiências cognitivas e efeitos paradoxais, tais como agressão ou desinibição comportamental. Alguns poucos pacientes podem reagir de forma contrária à esperada. Por exemplo, um estado de pânico pode piorar consideravelmente após o uso de um benzodiazepínico. O consumo a longo prazo não é recomendado devido aos efeitos físicos e psicológicos adversos. As benzodiazepinas são propensas a causar tolerância, dependência física, e, após a interrupção do uso contínuo por um longo período, síndrome de abstinência. Apesar de serem perigosas, são bem menos tóxicas do que seus predecessores, os barbitúricos.

8. ANFETAMINA

A anfetamina é um potente estimulante do sistema nervoso central usado no tratamento do déficit de atenção, da hiperatividade e da narcolepsia. Descoberta em 1887, a anfetamina tem sido usada para tratamentos diversos, como congestão nasal, depressão e obesidade. A droga também é usada para aumentar o desempenho e, de modo recreativo, como afrodisíaco e euforizante. Sua primeira apresentação comercial foi a Benzedrina, usada pelas tropas aliadas na Segunda Guerra Mundial

© Graeme Dawes

para combater o sono e a fadiga. Os escritores Beats, como Jack Kerouac e William Borroughs, tornaram a droga famosa na literatura, ao descreverem seu uso por hipsters americanos dos anos 1940 e 1950, em livros como *On the Road* e *Junky*.

Embora seja um medicamento, em muitos países, a posse e distribuição da anfetamina são rigidamente controladas devido aos riscos associados ao seu uso sem controle. Por conta disso, a anfetamina é, muitas vezes, sintetizada e vendida clandestinamente.

9. TABACO

Há mais de setenta espécies de tabaco, uma planta do gênero Nicotiana. A espécie mais usada comercialmente é a Nicotiana tabacum, com a qual são fabricados diversos produtos a partir das folhas secas, principalmente charutos, cigarros, rapé e tabaco para cachimbo e para mascar. A planta também é usada na bioengenharia e em paisagismo. Alguns componentes químicos do tabaco são matérias-primas de pesticidas e medicamentos.

A nicotina é um alcaloide presente no tabaco que provoca dependência física. Contudo, os efeitos nocivos do seu consumo também derivam de milhares de outros compostos encontrados na sua fumaça. No mundo todo, cerca de 1,1 bilhão de pessoas são tabagistas. O número representa, aproximadamente, 30% da população adulta. Embora o consumo tenha se estabilizado ou diminuído nos países desenvolvidos, especialmente devido a campanhas e proibições, ele continua a crescer nos países em desenvolvimento.

De acordo com a Organização Mundial de Saúde, o tabaco é a maior causa de morte evitável no mundo. Em um relatório de 2008, a OMS estimou que seu uso causa 5,4 milhões de mortes por ano. O tabagismo provoca doenças cardíacas (inclusive infarto), complicações respiratórias, problemas no fígado e câncer, além de ser fator de risco para acidentes vasculares cerebrais. Entre os tipos de câncer provocados pelo consumo de tabaco, estão o de pulmão, de laringe, de boca e do pâncreas.

CARGA DAS DOENÇAS RELACIONADAS AO TABACO NO BRASIL – ESTUDO PRODUZIDO PELA ACT – ALIANÇA DE CONTROLE DO TABAGISMO (TRECHOS)

O estudo analisou dados de 2008 referentes a 15 doenças relacionadas ao tabaco e atualizou os valores monetários para 2011. Chegou-se à conclusão de que o custo total atribuível ao tabagismo para o sistema de saúde no Brasil, para ambos os sexos, foi de R$ 20.685.377.397,00, ou seja, quase R$ 21 bilhões. Considerando que o setor do tabaco pagou, em 2011 R$ 6,3bilhões em impostos federais, segundo a Receita Federal, o país gasta cerca de três vezes e meia mais do que arrecada com cigarros e outros produtos de tabaco.Esse montante equivale a 0.5% do PIB do país em 2011. Equivale a 1/6 da projeção de crescimento de toda a economia brasileira em 2012 (estimado em 2,99%). Para se ter uma ideia do que este custo representa, basta ver o orçamento total destinado ao Fundo Nacional da Saúde, gestor financeiro dos recursos do Sistema Único de Saúde (SUS) pelo Ministério da Saúde em 2011, R$68 bilhões. 30% desse valor são gastos com doenças tabaco relacionadas anualmente no país, apenas considerando-se os custos diretos associados ao tratamento.

O valor gasto, de R$ 21 bilhões, poderia, ainda, suprir o déficit de saneamento básico no país, que exige investimentos da ordem de R$ 12 bilhões anuais, durante 20 anos consecutivos, segundo cálculos do departamento de saúde ambiental da Faculdade de Saúde Públicada USP. Também poderia ser usado para o orçamento do PAC, que em 2011 foi de R$43,5 bilhões, sendo R$12,7 bilhões para o programa Minha Casa, Minha Vida.

10. BUPRENORFINA

A décima droga mais perigosa, de acordo com o estudo publicado na revista médica britânica The Lancet, é a buprenorfina, um opioide semissintético usado no tratamento do vício de opioides não sintéticos, especialmente no combate à dor, tanto moderada quanto crônica. O cloridrato de buprenorfina foi comercializado pela primeira vez na década de 1980, pelo laboratório americano Reckitt & Colman.

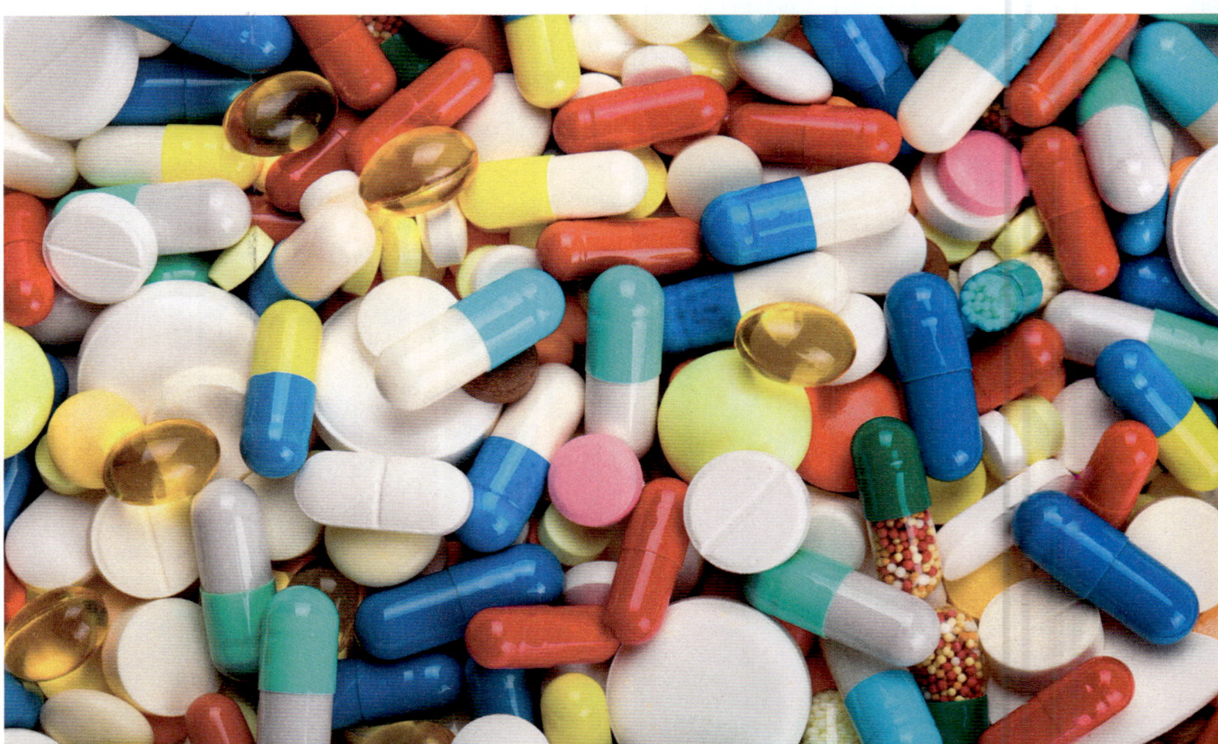

© Nomad_Soul

POR QUE AS PESSOAS USAM DROGAS

O que leva as pessoas a trilhar o caminho perigoso dos paraísos artificiais é, entre outros fatores, um certo temor pelos problemas da vida

Desde cedo, aprendemos os males que os entorpecentes podem causar. Nossos pais e mestres cuidavam de prevenir sobre o perigo que as drogas trazem: danos à saúde e à personalidade que podem se tornar irreversíveis, ou gerar sequelas irreparáveis. Nos casos extremos, a degradação é tal que o usuário acaba se tornando um pária, um indigente. Nesse sentindo, o velho clichê mostra-se verdadeiro: "Se fosse bom, não se chamaria droga".

Apesar dos avisos, muita gente acaba entrando nesse mundo. E grande parte dessas pessoas não volta. Não é incomum sabermos de um velho colega dos tempos da escola que se perdeu pelos caminhos das drogas lícitas ou ilícitas. Mas o que leva alguém a trilhar essa estrada? Todos os dependentes químicos que conversaram com a Conhecer Fantástico revelaram desejar nunca ter usado alucinógenos. Todos têm consciência de quanto sua vida foi prejudicada pelo uso crônico de entorpecentes. Veem a si mesmos como marginalizados e envergonham-se da sua condição. Nenhum deles se deixou fotografar. "Ninguém abre as portas da sua casa para um drogado", disse RA, um jovem de 30 anos recém-saído de uma clínica para dependentes químicos. "Na verdade, ninguém quer nem mesmo falar conosco. Até nossa família vira as costas", desabafa RA, dependente de álcool e cocaína. "Mas não é culpa deles... já aprontei muito", admite.

GF, 39 anos, há 15 dependente do crack, confessa ter se tornado um pária. GF é de uma família de classe média alta de São Paulo. Hoje, porém, vive em uma casa de fundos no subúrbio de Campinas, longe dos seus. familiares e amigos. "Já tive tudo o que queira ter, mas acabei aqui... volta e meia, recaio. É um inferno", confessa GF, que já esteve internado 27 vezes.

Para o dependente, nada tem mais valor do que

sua droga de eleição. Sua vida gira em função dela. "Eu chegava a perder o controle dos esfíncteres, quando pegava a droga", conta FV, 48, ex-usuário de cocaína. E quanto mais se consome, mais se quer. Parece não haver satisfação. Nem saída.

De acordo com Freud, o que atrai o indivíduo às drogas é o instinto da morte, isto é, um desejo inconsciente de morrer que toda pessoa tem. De fato, a morte pode se apresentar como solução para muitas vidas sofridas e miseráveis, uma promessa de libertação das mazelas da existência. É a busca do nada, do cessar, que define o princípio budista do nirvana – o estado de vacuidade que se atinge com a iluminação. Para Freud, a evidência do instinto da morte – e da ideia de nirvana nele contido – está em nosso desejo de paz, em nosso escapismo, presente até mesmo em atividades como leitura e cinema, e na nossa atração pelo álcool e pelas drogas. Assim, para o pai da psicanálise, as pessoas entram no mundo das drogas pela porta aberta pelo desejo de fuga, de libertação dos problemas do mundo. Em última instância, pelo desejo da morte.

Outro psicólogo influente, Erich Fromm, parte dos mesmos pontos que Freud: o princípio nirvânico e a morte. No entanto, Fromm não fala de um desejo da morte, mas do temor ante sua certeza e a angústia que isso causa. Temos consciência do nosso curto período de vida. Sabemos que vamos morrer antes daqueles que amamos, ou estes antes de nós. Vivemos em uma condição de solidão e de separação do mundo e dos outros, e isso provoca uma ansiedade constante. Alguns a experimentam em maior grau; outros, em menor. Mas a consciência da separação está presente em todos nós e, segundo Fromm, "a mais profunda necessidade do homem é a de superar sua separação, de deixar a prisão em que se está só". Há diversas formas de tentar suprimir a ansiedade causada pela consciência da separação. O sexo, no qual se busca eliminar a solidão por meio da união momentânea com o outro, ou a religião, na qual se busca a fusão com o divino, são algumas delas. Outro meio de eliminar a ansiedade é por meio do uso de alucinógenos. Em um estado de consciência alterado, "o mundo externo desaparece, e, com ele, o sentimento de estar dele separado", escreveu Fromm. O problema é que, ao se refugiarem no álcool e nas drogas, os usuários sentem-se ainda mais separados quando termina o efeito e, por isso, são levados a recorrer a elas com cada vez mais frequência e intensidade – o caminho do vício.

Ilustração: João Costa

A LONGA E TORTUOSA ESTRADA

O vício é considerado uma doença. Não importa qual seja o objeto do vício – maconha, cocaína, crack, chocolates ou sexo. Uma pessoa que sofre dessa patologia irá, mais cedo ou mais tarde, desenvolver alguma dependência. Mas o caminho do vício pode ser aprendido. Quando uma pessoa usa uma droga psicoativa e o efeito por ela produzido é, de alguma forma, agradável, esse efeito adquire para ela o caráter de uma recompensa. De acordo com estudos experimentais realizados por psicólogos comportamentalistas, todos os comportamentos que são reforçados por uma recompensa tendem a ser repetidos e aprendidos. E as sucessivas repetições tendem a fixar não só o comportamento que conduz à recompensa, mas, também, estímulos, sensações e situações indiferentes eventualmente associados a esse comportamento. Certos lugares ou pessoas, ou certas músicas desencadeiam no usuário a compulsão de usar sua droga de eleição.

O vício pode ter, também, causas genéticas. A influência de fatores genéticos que levam ao vício do álcool é demonstrada por Kenneth Blum em seu livro *Alcohol and the Addictive Brain*, em que sumariza os resultados de décadas de estudos sobre genética e alcoolismo. Segundo Blum, os filhos de alcoólatras têm possibilidades quatro vezes maiores de se tornarem alcoólatras do que os filhos de não alcoólatras, mesmo que separados de seus pais biológicos ao nascer e educados por pais adotivos não alcoólatras.

Muitas pessoas que experimentam drogas participam de uma subcultura que desenvolve arte, linguagem e moda próprias. Nessas subculturas, as drogas têm destaque. Muitos usam alucinógenos de forma recreativa, para exaltar sensações físicas e sensoriais de natureza estética ou erótica. Alguns usuários de certas drogas afirmam que, ao usar sua substância de eleição, a música soa melhor, as cores são mais brilhantes e o orgasmo torna-se mais intenso. Outros, porém, usam drogas principalmente por elas serem elemento de afirmação. Para quebrar as regras em busca de se autoafirmarem, muitas vezes, esses indivíduos acabam usando ou envolvendo-se com as drogas.

É claro que existem motivos mais prosaicos que levam as pessoas a consumir drogas e que não levam, necessariamente, ao vício. Há os que usam drogas para reduzir a dor, a insônia, o cansaço, ou superar necessidades fisiológicas, como o sono e a fome. Nos Andes, por exemplo, até hoje, os nativos mascam folhas de coca para aumentar sua resistência ao frio e à fome. Também é bem conhecido o uso de certas substâncias alucinógenas em rituais mágicos ou religiosos. Há diversos relatos sobre o uso de cactos e fungos por diversas nações indígenas, em ocasiões especiais, como uma forma de acessar deuses ou antepassados. Os xamãs do mundo todo usam drogas durante suas atividades curativas. No entanto, nesses casos, o uso dessas substâncias é feito em situações culturalmente aceitas e reconhecidas, e que não comprometem o desempenho social dos participantes.

GLOSSÁRIO

Fique por dentro de 40 termos científicos comumente associados ao universo dos estudos sobre a maconha

Foto: Shutterstock

Alucinação: perturbação mental caracterizada por uma percepção sem objeto, ou seja, uma perturbação mental que gera sensações visuais ou auditivas atribuídas a uma ou mais causas que não existem. Pode ter fundo agradável ou terrificante.

Alucinógenos: substâncias que atuam no Sistema Nervoso Central de modo a alterar a atividade do cérebro, provocando alucinações. Diversas drogas alucinógenas têm sua origem em plantas, como os cogumelos, o lírio, a mescalina e a maconha. Seu uso pode provocar reações psíquicas variáveis, que dependem das condições pessoais, do repertório de experiências do usuário, do ambiente no qual ocorre o consumo e do que está acontecendo em sua vida naquele momento.

Apatia: falta de motivação, emoção ou entusiasmo. Caracteriza um estado de indiferença e/ou desinteresse, no qual a pessoa não responde a estímulos emocionais, sociais ou físicos, mostrando-se insensível a eles. A palavra tem origem no termo grego *apátheia*, proveniente de Páthos, ou seja, "tudo aquilo que afeta o corpo ou a alma".

Ansiolítico: medicamento ou droga que alivia a ansiedade e a tensão.

Benzopireno: encontrado no alcatrão, que está presente em alto teor na fumaça da maconha, é um hidrocarboneto polinuclear ($C20H12$) com cinco anéis benzênicos. Tem alto índice cancerígeno.

Cânhamo: nome dado às variedades da cannabis e à fibra que se encontra no caule e nos galhos delas. O material é usado em fabricações têxteis e de papel, cordas, resinas e combustíveis.

Cannabis sativa: nome científico de uma planta da família das Canabiáceas, cujo principal produto, comercializado em muitos países, é a maconha.

Canabismo: ato de fumar cannabis, assim como o tabagismo é caracterizado pela ato de fumar tabaco. É necessário que seja definido se esta ação é considerada um hábito ou vício. De acordo com a Organização Mundial de Saúde (OMS), hábito é a ausência de dependência física e ausência da síndrome de abstinência.

CEBRID: sigla para Centro Brasileiro de Informações sobre Drogas Psicotrópicas. Parte do Departamento de Psicobiologia da Universidade Federal de São Paulo, seu papel é informar a população por meio da publicação de livros e a promoção de levantamentos sobre o consumo de drogas no país. É formado por uma equipe multidisciplinar, composta por especialistas nas áreas de Medicina, Farmácia-Bioquímica, Psicologia e Biologia.

Comportamento hedonístico: comportamento no qua o indivíduo busca incessantemente o prazer como bem supremo e procura evitar o desprazer.

Delírio: manifestação mental pela qual a pessoa faz um juízo errado de dados da realidade exterior (do que vê ou ouve, por exmplo). É diferente da alucinação por não depender de impressões sensoriais e por apresentar ideias supervalorizadas. O delírio pode levar ao pânico e ocasionar atitudes perigosas, como fugas e agressões, como forma de defesa antecipada contra um ataque que a pessoa acredita estar sendo programado.

Dependência: estado de subordinação ou sujeição de muitos usuários de drogas, que passam a organizar a sua vida de maneira a facilitar e cultivar o vício acima de outros aspectos de sua vida. A dependência pode ser física e/ou psicológica.

Depressoras da Atividade do Sistema Nervoso Central: são drogas que diminuem a atividade do cérebro, fazendo com que o usuário fique "desligado" ou "devagar". Alguns exemplos são álcool, soníferos e ansiolíticos.

Despersonalização: processo psíquico no qual a pessoa tem a impressão de ser estranha a si mesma ou de que o corpo ou algumas de partes dele não são integrantes da mesma unidade.

Disforia: mudança repentina no estado de ânimo, no qual o indivíduo sente depressão, ansiedade e inquietude. Este mal estar psíquico pode ser causado pelo uso de drogas e costuma gerar sofrimento, pessimismo, melancolia e/ou agitação extrema.

Efeitos neurovegetativos: transtorno no qual o paciente atribui alguns sintomas que está sentindo ao mau funcionamento de algum sistema ou órgão controlado pelo sistema nervoso autônomo, também chamado de sistema neurovegetativo. Este sistema está relacionado ao controle da vida vegetativa, ou seja, de funções como a respiração, a digestão e a circulação do sangue. Entre os usuários de cannabis, alguns indícios podem ser boca seca, taquicardia e queda da pressão arterial.

Esquizofrenia: muitos estudos afirmam que há há uma relação entre o uso de drogas (entre elas, a maconha) e determinados transtornos mentais, como depressão, esquizofrenia e ansiedade, principalmente, quando há uma predisposição, genética ou não. Outros estudos mostram que a maconha é utilizada por esquizofrênicos com sucesso para alívio dos sintomas negativos da doença.

Estimulantes da Atividade do Sistema Nervoso Central: subdivisão das drogas psicotrópicas. Caracterizam-se por aumentar a atividade do cérebro, fazendo o usuário ficar "elétrico", como a cocaína.

Ganjáh: como é chamada, na Índia, a maconha.

Haxixe: droga, assim como a maconha, derivada da Cannabis sativa. É preparada com a resina segregada pelas inflorescências femininas do cânhamo.

Hilaridade: alegria súbita, muitas vezes, caracterizada pela explosão de riso. Muitos usuários de maconha sentem esse efeito durante ou após o consumo da droga.

Hipersensibilidade a estímulos sensoriais: sensibilidade excessiva a estímulos físicos aos órgãos do sistema sensorial, como pele, língua, nariz, ouvidos e olhos.

Letargia: efeito psíquico caracterizado pela incapacidade do indivíduo de reagir e de expressar emoções. Também é chamado de apatia, inércia ou desinteresse.

Marijuana: sinônimo de maconha.

Memória a curto prazo: capacidade humana em reter uma pequena quantidade de informação durante um curto período de tempo (cerca de 15 a 30 segundos). Estudos indicam que o consumo da maconha afeta este tipo de memória.

Mesclado: forma de consumo da maconha combinada com outras drogas, como crack e cocaína. Há, também, usuários que misturam a planta com comida e chás.

Narcótico: substância que tem poder de absorver os sentidos, produzindo efeitos diversos, como euforia, letargia, estupor ou coma.

OBRID: sigla para Observatório Brasileiro de Informações sobre Drogas. O órgão da Secretaria Nacional Antidrogas (SENAD) é utilizado pelo Governo Federal para dar maior efetividade às ações de redução da demanda de drogas no Brasil, previstas na Política Nacional Antidrogas.

Opiáceos: substâncias derivadas da papoula, que podem ser tanto naturais como sintéticas, como codeína, morfina e heroína. Segundo o Departamento de Psicobiologia da UNIFESP/EPM, "logo após a injeção de opióides, o usuário experimenta um 'rush', uma 'onda de prazer'. Isso ocorre devido à rápida estimulação de centros cerebrais superiores, que pode ser seguido de depressão do sistema nervoso central. A dose necessária para causar esses efeitos pode também causar agitação, náuseas e vômitos. Com o aumento da dose, há a sensação de calor no corpo, boca seca, mãos e pés pesados, e um estado em que o mundo é esquecido."

Perturbadores da Atividade do Sistema Nervoso Central: grupo de drogas psicotrópicas que modificam qualitativamente a atividade do cérebro, fazendo-o funcionar fora de seu normal, como o LSD, o lírio e o THC (propriedade da maconha).

Psicotrópico: substância que age quimicamente sobre o psiquismo, ou seja, sobre a atividade mental, alterando o comportamento e a percepção do indivíduo.

Psiquismo: conjunto das características psíquicas de uma pessoa, também chamado de psique ou psicologia.

Síndrome amotivacional: síndrome observada em muitos usuários de maconha. Caracteriza-se pelo estado de amotivação, ou seja, condição de não sentir vontade de fazer nada, pois tudo fica sem graça e sem importância.

Síndrome de abstinência: segundo o ABC Med, é um "conjunto de reações orgânicas, físicas e psíquicas que acontecem em razão da suspensão brusca do consumo de drogas, lícitas ou ilícitas, geradoras de dependência". A síndrome pode se manifestar por meio de diversos fatores, como mudança repentina de humor, insônia, ansiedade, irritabilidade, náuseas, taquicardia, alucinações e crises convulsivas.

Sistema Nervoso Central: constituído de encéfalo e medula espinal, é responsável por receber e processar informações relacionadas aos cinco sentidos (audição, tato, paladar, olfato e visão). É dele que partem os estímulos destinados aos músculos e às glândulas.

Tetrahidrocanabinol (THC): uma substância química da maconha. Dependendo da quantidade de THC presente na droga (que varia de acordo com o solo, o clima e o tempo decorrido entre a colheita da planta e o seu uso), pode produzir mais ou menos efeitos. Essa variação também depende da tolerância do usuário.

Tolerância: resistência criada pelo organismo do usuário aos efeitos da droga. Quanto maior for a tolerância, maiores precisam ser as doses para que sejam alcançados os mesmos efeitos.

Toxicidade: ação de uma toxina em um determinado organismo.

Óleo de cannabis: substância semilíquida extraída da Cannabis sativa. Também tem efeito psicotrópico. É obtida pelo processo de destilação ou de extração com solventes de origem orgânica (como álcool, acetona e butano), posteriormente evaporados.

Xerostomia: um dos efeitos físicos do consumo de maconha, caracteriza-se pela secura excessiva da boca, por conta da secreção nula ou insuficiente de saliva.

DE ONDE SURGIU O TERMO "DROGAS"?

De acordo com o Departamento de Psicobiologia da Universidade Federal de São Paulo (UNIFESP/EPM), a palavra "drogas" tem origem no termo "droog", que, em holandês antigo, significa folha seca. Isso porque, antigamente, quase todos os medicamentos eram feitos à base de vegetais.

Hoje, o termo define as substâncias capazes de alterar a função do organismo, resultando em mudanças fisiológicas ou de comportamento. Algumas modificações possíveis são aumento da pressão arterial (mudança na fisiologia) e perda do sono (mudança comportamental).